D1724093

Uschi Kurz und Christiane Neubauer

Die besten Ausflüge
mit KINDERN

Band 2

VERLAG SCHWÄBISCHES TAGBLATT

© 2008, Verlag Schwäbisches Tagblatt GmbH, Tübingen

Autoren: Uschi Kurz und Christiane Neubauer

Zeichnungen: Sepp Buchegger

Texte: Uschi Kurz, Christiane Neubauer, Evelyn Ellwart-Mitsanas

Fotos: Christiane Neubauer, Carsten Ellwart, Freilichtmuseum Beuren, AiS-Kastanienhof Bodelshausen, Naturpark Schönbuch, Alpen- und Seerosengarten Engstlatt, Freilichtmuseum Hechingen/Stein, Ritter Sport Waldenbuch, Gerhard Wanner (Sieben-Mühlental), Abenteuerpark Schloss Lichtenstein, Planetarium Stuttgart, Mercedes-Benz Museum (Daimler AG), Schienenbusfreunde Ulm e.V., Haupt- und Landesgestüt Marbach, Gemeinde Hohenstein, KMZ Schloss Glatt, Bachritterburg Kanzach, Blühendes Barock Gartenschau Ludwigsburg GmbH, Filmakademie Ludwigsburg, Rossberg Freizeitverein e.V., Kamelhof Rotfelden GmbH & Co. KG, Zeppelin-Museum Friedrichshafen GmbH, Badkap Albstadt, Panorama Therme Beuren, VitaParc Gesundheitsbetriebe GmbH, Sport- und Badezentrum Fildorado, Stadtwerke Freudenstadt, Aquatoll, Bodensee Therme Überlingen.

Anzeigen: Wolfgang Dieter

Druck: Gulde Druck GmbH, Tübingen

ISBN 978-3-92801-162-4

Printed in Germany

Wochenend' mit und ohne Sonnenschein

Wochenend' und Sonnenschein. Noch immer sind es die Sonntage, an denen Familien gerne gemeinsam etwas unternehmen. Meist zieht es die Eltern ins Freie, die jüngeren Kinder wollen „Äktschn" und die älteren am liebsten gar nicht mit. Ob ein Sonntag im Kreise der Lieben harmonisch und für alle Beteiligten erfolgreich verläuft, entscheidet sich oft schon beim Frühstücksei. Wehe, wenn jetzt noch kein zündender Vorschlag parat ist! Macht dann auch noch das Wetter einen Strich durch die Planung, heißt es rasch umdisponieren und „Die besten Ausflüge mit Kindern" zur Hand nehmen, bevor das Drama seinen Lauf nimmt.

Bei der Auswahl unserer Ausflugsziele haben wir versucht, alle Alters-Gruppen gleichermaßen zu berücksichtigen und wenn es sich anbot, zusätzliche Tipps für die kleinen oder die großen Geschwister zu geben. Es gibt Schönwetter- und Schlechtwetterziele und solche, die für alle Wetterlagen geeignet sind.

Zeitlich lassen sich die Ausflüge ganz den Bedürfnissen anpassen. Wir haben Ziele, für die zwei bis drei Stunden reichen, aber auch Halbtages-Ausflüge, die sich locker auf einen ganzen Tag ausdehnen lassen, und einige wenige, für die von vorne herein ein ganzer Tag eingeplant werden sollte. Wie bereits im ersten Band „Die besten Ausflüge mit Kindern" haben wir in unseren „Paradiesen" nach Pommes mit Ketchup gesucht und sind meistens auch fündig geworden.

Auch das berechtigte Erholungs-Bedürfnis der Eltern, die am Wochenende Energie für den Alltag tanken müssen, haben wir (schon aus Eigennutz) nicht außen vor gelassen. Und weil „Baden gehen" an einem verregneten Sonntag oft das letzte Mittel der Wahl ist, haben wir ans Ende des Ausflugsführers einen Bäder-Vergleich gestellt. Nicht alle Spaß- und Freizeitbäder sind für Familien mit kleinen Kindern geeignet und wenn, dann bedeutet das längst nicht immer auch für die Eltern Entspannung pur. Aus diesem Grund gingen wir im Wasser und an Land der spannenden Frage nach: Ist das, was neuerdings als „Wellness" Hochkonjunktur hat, mit Kindern überhaupt möglich?

Unsere eigenen Erfahrungen (mit Kindern in beiden erwähnten Altersgruppen) jedenfalls waren durchweg positiv. Wir alle haben von den Ausflügen profitiert und so manches gelernt. Dasselbe wünschen wir nun Ihnen und Ihren Kindern beim Besuch unserer „Paradiese mit Ketchup".

Ein zwei-geteiltes Vorwort

Was machen wir heute? Diese Frage löst in Familien ganz unterschiedliche Reaktionen aus. Während die kleineren Kinder sich meist mit blitzenden Äuglein auf den Ausflug freuen, gibt es für Halbwüchsige anscheinend nichts Ätzenderes als solch ein gemeinsames Vorhaben. Mit unserem doppelten Vorwort wollen wir diesen unterschiedlichen Interessen gerecht werden.

Familienausflug mit Zwergen

Als wir 2003 nach Tübingen kamen, hatten wir zuvor einige Jahre an der schottischen Nordseeküste gewohnt und waren entsprechend verwöhnt. Der nächste Strand war von unserer Wohnung mit dem Auto gerade mal 15 Minuten entfernt! Wie Perlen an einer Kette reihen sich östlich der Hauptstadt Edinburgh dutzende weitere Sandbuchten mit Dünen und Felseninseln aneinander. Die Frage, wo und wie wir freie Nachmittage oder das Wochenende verbringen, musste daher gar nicht gestellt werden. Wer selbst kleine Kinder hat, weiß, dass man diese kaum glücklicher machen kann als mit Eimerchen und Schaufel und Bergen von Sand, mit Tümpeln und Pfützen, die die Flut zurückgelassen hat, und mit Wind, in dem bunte Drachen tanzen. Mein Mann und ich rollten derweil in einer windgeschützten Kuhle unsere Strandmatten aus, packten Picknick und Lesestoff aus und ließen uns die Sonne auf den Pelz brennen. Was will man MEE(H)R?!

So suchten wir in unserem ersten Sommer im Schwabenland vor allem nach Sand und Wasser... und wurden bitter enttäuscht. Am Kirchentellinsfurter Baggersee schlugen uns die horrenden Parkgebühren gleich wieder in die Flucht. Die Gewässer bei Kiebingen entpuppten sich als mückenverseuchte Biotope, ein Paradies für Wasservögel, aber keineswegs Naherholungsgebiet für Familien mit Kleinkindern! – und ganz ehrlich: so soll es von mir aus auch bleiben! Als Neig'schmeckte kannten wir uns in der Gegend ja zudem nicht aus. Da war es ein Segen, dass im selben Jahr die erste Ausgabe von „Paradiese mit Ketchup" vom TAGBLATT VERLAG herauskam. Schnell war klar, dass die Region um Tübingen viele schöne und kostengünstige Ausflugsziele zu bieten hat – was für Familien durch die steigenden Energiekosten und Lebensmittelpreise ja leider immer bedeutender wird.

Heute freue ich mich, dass ich der neuen Ausgabe

von „Paradiese mit Ketchup" weitere Tipps für Unternehmungen mit Kindern hinzufügen kann, die vielleicht manchen Einheimischen noch nicht bekannt sind.

Der Alpen- und Seerosenpark in Engstlatt ist zum Beispiel so ein Geheimtipp. Hier kommen Kinder und Eltern gleichermaßen auf ihre Kosten! Hier können die Kleinen spielen und die Großen die Natur genießen. Hier können die Kinder in der Hüpfburg toben und die Eltern auf einem Tretboot im Seerosenteich die Seele baumeln lassen. Und wer Vesper und Getränke von Zuhause mitbringt, kann als Durchschnittsfamilie (Eltern und zwei Kinder) für weniger als 10 Euro einen wunderschönen Nachmittag erleben.

Als Eltern von Klein- und Grundschulkindern kommt man um Besuche auf Burgen nicht herum. Die Lebenswelt der Ritter und Burgfräulein faszinieren unseren dreijährigen wie siebenjährigen Sohn gleichermaßen. „Wir entdecken die Ritterburg" aus der Reihe „Wieso? Weshalb? Warum?" ist ungeschlagene Nummer eins im Kinder-Bücher-Regal und das seit Jahren. Ich habe dieses und andere

Auf dem Kamelhof in Rotfelden

Ritterbücher schon so häufig vorgelesen, dass ich schwören hätte können, dass ich alles, aber auch wirklich alles über Waffen, Knappen und Blechhaufen weiß. In der Bachritterburg in Kanzach wurde ich eines Besseren belehrt... lassen Sie sich überraschen! (Übrigens: Auch dieser Ausflug kostet – Fahrtkosten und Verpflegung nicht mitgerechnet – weniger als 10 Euro pro Familie).

Auch die Kinder fanden es toll dort. Aber noch besser hat ihnen die Waffen- und Rüstkammer im Wasserschloss Glatt gefallen: Schwerter und Lanzen, Rüstungen und Hellebarden, Morgensterne und Armbrüste... hier

konnten die Jungs alles im Original bestaunen, was sie zuvor nur aus Büchern kannten. Mein Mann – ein Archäologie-Fan – kam in der Sonderausstellung über die Alemannen voll auf seine Kosten. Und während Vater und Söhne den Ausflug mit einem Mini-Golf-Turnier ausklingen ließen, konnte Mama ganz in Ruhe einen Rundgang durch die wirklich sehenswerte Kunstsammlung im Schloss machen. Kosten inklusive Minigolf: 13 Euro.

Familien mit Töchtern sei dafür ein Besuch des Kamelhofs besonders empfohlen. Schon als kleines Mädchen war ich ein Tiernarr und bin seither in unzähligen Streichelzoos und Schaubauernhöfen gewesen, doch noch nie bin ich Tieren begegnet, die so verschmust waren wie die Dromedare und Trampeltiere in Rotfelden. Sie wollen unentwegt gekrault und getätschelt werden und bekunden ihr Wohlgefallen mit zustimmenden und ermutigenden Grunzlauten. Mit ein bisschen Glück darf Ihr Kind sogar die Flasche fürs Babykamel halten und ein Ausritt auf dem Kamelrücken ist sicher für die ganze Familie ein einmaliges und unvergessliches und nicht zuletzt erschwingliches (drei Euro pro Person) Erlebnis!

Ich wünsche Ihnen dabei und bei all den anderen Ausflügen von Herzen viel Vergnügen und Spaß!

Christiane Neubauer

Im Kinderfilmhaus in Ludwigsburg

Familienausflug mit „Großen"

Familienausflug, das bedeutete für meine Schwester und mich meist Wandern und – was das Schlimmste war: Wandern im passenden Outfit: Blaue Kniebundhosen, rote Kniebundsocken, derbes Schuhwerk... Der einzige Trost war, dass man am Spätnachmittag des öfteren bei Freunden oder Verwandten zum Kaffee einlief und die Möglichkeit bestand, dort die neueste „Bonanza"-Folge zu schauen.

Heute lockt die Aussicht auf „Little Joe" keinen Halbwüchsigen mehr hinter dem Computer vor. Und auch für einen Teenager, der zwar alles andere als ein Stubenhocker ist, dessen größtes Glück es vielmehr ist, seine komplette Lebenszeit auf einem Fußballplatz zu verbringen, ist ein Sonntagnachmittag im Kreise der Familie nicht gerade der „Bringer". Allein schon die Bitte „Aber heute machen wir mal wieder was zusammen, wir sehen uns ja sonst kaum", ruft meist alles andere als Begeisterungsstürme hervor.

Und doch haben wir einige Ausflugsziele ent-

6

deckt, die auch den Ansprüchen dieser schwer zufrieden zu stellenden Spezies gerecht wurde. Bei einigen waren wir uns von Anfang an sicher, dass sie auch dem 13-Jährigen gefallen würden. So gibt es wohl keinen Jungen (gleich welchen Alters) und kaum ein Mädchen, das nicht vom Daimler-Benz-Museum oder vom Klettergarten Schloss Lichtenstein begeistert sein würde.

Auch das Planetarium ist für Jungs wie Mädchen so attraktiv, dass sich damit sogar eine erfolgreiche Geburtstagsparty gestalten lässt. Einen Freund oder eine Freundin zum sonntäglichen Familienausflug einzuladen ist generell empfehlenswert, vor allem dann, wenn das „Kind" (wie das bei uns der Fall ist) das jüngste von älteren Geschwistern ist, die ohnehin nicht mehr mitgehen. Was ohne Begleitung allenfalls „peinlich" wäre, kann sich so zu einem durchaus spannenden Nachmittag entwickeln, bei dem die Jugendlichen hinterher selbst einräumen, dass es gar „nicht so schlecht war". Man darf nur nicht den fatalen Fehler begehen und selber fragen „gell, so

Im Klettergarten Schloss Lichtenstein

schlecht war's doch jetzt gar nicht?".

Ein Ausflugsziel, das sich sowohl für Familien mit jüngeren als auch mit größeren Kindern gleichermaßen eignet und obendrein für Erwachsene richtig spannend ist, ist das Kinderfilmhaus in Ludwigsburg. In eineinhalb Stunden erfährt man so viel über die Filmproduktion, dass man hinterher die bewegten Bilder im Kino oder im Fernsehen mit ganz anderen Augen betrachtet.

Und dann gibt es noch die Unternehmungen, bei denen man zunächst vielleicht selbst ein leichtes Bauchgrimmen verspürt, weil mal nicht sicher ist, ob

man das seinem „Großen" noch zumuten kann. Als Pferdenärrin war für mich ein Ausflug ins schöne Lautertal ein Muss. Wie überrascht war ich, als ich beim Spaziergang durch die Ställe und Koppeln des Haupt- und Landgestütes Marbach sah, wie gerne selbst harte Jungs noch weiche Pferdemäuler streicheln. Nach diesen positiven Erfahrungen bin ich überzeugt, dass es in diesem Ausflugsführer auch für Sie und Ihre Kinder das eine oder andere Paradies zu entdecken gilt. Ich wünsche viel Spaß dabei.

Uschi Kurz

7

Alle Ausflugsziele ...

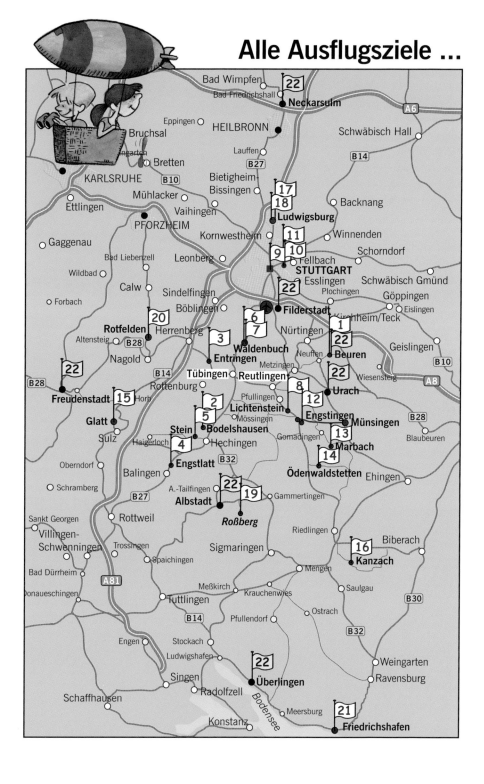

... auf einen Blick

            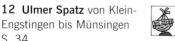

Zur schnellen Orientierung

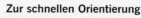

 für die Kleinen

 ungeeignet für Rollstuhl /Kinderwagen

 für die Großen

 Ganztagsausflug

Zwischen Steinbüble und Tante-Helene-Laden

Im Freilichtmuseum Beuren erzählen 22 Häuser ihre Geschichte

Der Tante-Helen-Laden

Wie lebte eigentlich früher die Bevölkerung auf dem Land? Wie wohnte und wie arbeitete sie? Wo kauften unsere Großeltern ein, was produzierten sie selbst? Das kulturhistorische Freilichtmuseum Beuren im Landkreis Esslingen bietet Familien mit Kindern eine ideale Möglichkeit, einen Blick in den Alltag unserer schwäbischen Vorfahren zu werfen. Und wer Lust hat, wie „anno dazumal" shoppen zu gehen, kann in einem waschechten „Tante Emma"-Laden (allerdings heißt Tante Emma in Beuren Helene) Souvenirs kaufen, die für Großmutter vielleicht noch ganz alltäglich waren.

22 exemplarische Gebäude wurden im Laufe der vergangenen Jahre im Mittleren Neckarraum und auf der Schwäbischen Alb vorsichtig abgebaut und im Freilichtmuseum originalgetreu wieder erstellt und eingerichtet – vom einfachen Schafstall bis hin zum stattlichen Bauernhaus. Das Ausgedinghäusle aus Aichelau, das Wohnhaus mit Schreinerei aus Ohmenhausen, das Weberhaus aus Laichingen oder das Tagelöhnerhaus aus Weidenstetten – sie alle erzählen ihre Geschichte und die ihrer Bewohner. Sogar ein altes Fotoatelier aus Kirchheim, in dem sich einst der Schriftsteller Hermann Hesse ablichten ließ, fand in Beuren eine neue Bestimmung.

Die einzelnen Gebäude führen die Besucher durch die Jahrhunderte. Sehenswert sind auch die Museumsäcker, auf denen alte Kulturpflanzen angebaut werden und die kleinen Hausgärten mit ihren bunten Blumen. Von den vielfältigen handwerklichen Fertigkeiten zeugen Back- und Bienenhäuser, eine Obstmühle und ein Kalkofen, sogar ein Schnekkengarten wurde angelegt – er ist im übrigen hochaktuell: Denn die Schneckenzucht, die einst auf der Schwäbischen Alb gang und gäbe war, wird seit neuestem wieder betrieben.

Die Schäferkönigin bei den Schäfertagen

POMMES MIT KETCHUP: Gibt es für 2,90 Euro in der Museumsgaststätte „Steinbüble", die stilgerecht in einem alten Wohn- und Wirtschaftsgebäude aus Tamm untergebracht ist.

OFFEN: Ende März bis Anfang November, Dienstag bis Sonntag, 9 bis 18 Uhr (Einlass bis 17.30 Uhr). Montag ist Ruhetag, an Feiertagen ist jedoch geöffnet.

PREISE: Erwachsene 4,50 Euro, Kinder und Jugendliche 2,50 Euro, Kinder unter sechs Jahren sind frei, Familientageskarte 10 Euro, Guten-Abend-Karte (ab 17 Uhr) 3,50 Euro. Jeden Samstag um 15 Uhr gibt es eine öffentliche, kostenlose Führung.

KONTAKT: Freilichtmuseum Beuren, In den Herbstwiesen, 72660 Beuren, Info-Telefon (0 70 25) 91 19 0-90, Internet: www.freilichtmuseum-beuren.de, E-Mail: info@freilichtmuseum-beuren.de.

AUSFLUGSDAUER: Ein halber Tag.

WEGBESCHREIBUNG: Mit dem Auto über Reutlingen, Metzingen, Neuffen nach Beuren. Dort der Beschilderung folgen.

DER BESONDERE TIPP: Im Museum gibt es die ganze Saison über spezielle Aktionstage wie beispielsweise das Museumsfest des Fördervereins Freilichtmuseum Beuren, die Schäfertage, das Bulldog- und Schleppertreffen, das große „Moschtfescht" und regelmäßige Backtage im Backhaus. Ansonsten lohnt es sich das aktuelle Veranstaltungsprogramm anzufordern oder auf der Homepage einzusehen.

RISIKO: Die Wege zwischen den Gebäuden sind problemlos mit Kinderwagen oder Rollstuhl zu befahren. Das Besichtigen der Häuser gestaltet sich aber wegen der bisweilen engen Stiegen etwas schwierig.

Bei den Schäfertagen kann man auch Wolle waschen.

Streichelzoo, Spielplatz und Steckerl-Eis

Auf dem Kastanienhof gibt es alles, was (kleine) Kinderherzen höher schlagen lässt

FUN-FAKTOR
Einmal hemmungslos mit Ziegen schmusen und Hasen hinter den Ohren kraulen

Der Kastanienhof in Bodelshausen ist ein rollstuhlgerechter Bauernhof mit Cafeteria und Gärtnerei und gehört zu den Einrichtungen der KBF (Körperbehindertenförderung) Neckar Alb. In ruhiger Umgebung und bester Sonnenlage kann man hier - ohne große Kosten oder weite Anfahrt - einen angenehmen Nachmittag verbringen. Für die Kinder gibt es einen gut ausgestatteten Spielplatz mit Schaukeln, Rutsche, Wippen und Sandkasten (Schaufeln, Eimer und Förmchen nicht vergessen!) sowie einen richtigen Streichelzoo.

Mit „richtig" meinen wir, dass die Tiere nicht nur vom Zaun aus betrachtet werden können. Man darf auch ins Gehege gehen (unter der Woche, am Wochenende wird nur geöffnet, wenn genügend Personal am Hof ist). Alle Tiere sind ausgesprochen zahm und die beiden Esel „Aprikose" und „Mercedes" sowie ein halbes Dutzend Ziegen und zwei Hasen lassen sich bereitwillig hinter den Ohren kraulen oder streicheln. In der Cafeteria und dem Hofladen kann man gegen einen kleinen Unkostenbeitrag von 20 Cent Futtersäckchen

holen. Überflüssig zu sagen, dass die Leckerlis aus dem Sack bei den Vierbeinern immer gut ankommen. Mamas und Papas sollten sich darauf einstellen, dass sie für ihre kleinen Tierfreunde wohl gleich mehrmals die Geldbörse zücken müssen. Es gibt aber noch mehr tierische Bewohner auf dem Kastanienhof: Hängebauchschweine, Gänse, Pfauen und ein paar wunderschöne Pferde, die allerdings nicht gefüttert werden dürfen.

Während die Kinder die Tiere füttern oder auf dem Spielplatz herumtollen, können sich erwachsene Begleiter in der Cafeteria einen Cappuccino und ein Stück selbst gebackenen Kuchen oder Torte gönnen und getrost eine Weile die Seele baumeln lassen. Denn das Spielgelände wie auch der Streichelzoo sind von der Terrasse und dem geräumigen Wintergarten der Cafeteria aus einsehbar. Es gibt auch eine kleine Auswahl an Brotzeiten, tolle Eisbecher und für die Kinder eine Kühltruhe mit Steckerl-Eis.

Direkt vom Hof weg führen zudem größere und kleinere Wanderwege durch die angrenzenden Wälder und Felder.

POMMES MIT KETCHUP: Pommes gibt es am Kastanienhof nicht. Wer nicht darauf verzichten möchte, dem sei ein Besuch der Gaststätte im VfB-Vereinsheim in unmittelbarer Nähe des Kastanienhofes empfohlen. Hier gibt es gute schwäbische Küche zu familienfreundlichen Preisen.

OFFEN: Ganzjährig geöffnet. Cafeteria: Mittwoch bis Sonntag von 14 bis 18 Uhr, Hofladen und Gärtnerei: Montag bis Freitag 9 bis 12, 14 bis 18 Uhr, Samstag 9 bis 12.30 Uhr.

PREISE: Eintritt frei.

KONTAKT: AiS Kastanienhof, Ofterdinger Str. 14, 72411 Bodelshausen. Cafeteria Telefon (0 74 71) 96 21-120. Der Laden hat die Durchwahl -105, E-Mail: ais@arbeit-in-Selbsthilfe.de, Internet: www.arbeit-in-selbsthilfe.de

AUSFLUGSDAUER: Ein halber Tag. Wegen der Öffnungszeiten des Cafés am besten Mittwoch bis Sonntag Nachmittag.

WEGBESCHREIBUNG: Von Tübingen über die B27 Richtung Balingen bis zur Ausfahrt Bodelshausen. Fahren Sie dann zwei Kilometer bis in die Ortsmitte, erste Straße nach der Apotheke rechts abbiegen und immer der Vorfahrtsstraße folgen. Der Kastanienhof liegt am Ortsausgang von Bodelshausen Richtung Ofterdingen auf der rechten Seite.

DER BESONDERE TIPP: Auf Vorbestellung und ab zwölf Personen richtet Ihnen das Personal an Sonntagen einen Brunch, der sich sehen lassen kann: Neben Brot, Brezeln und „Belägen" gibt es Rührei, Obstsalat, Müsli, Salate, Suppen und Schnitzel – viele Zutaten aus eigener Produktion! Von 10 bis 13 Uhr kann man essen, soviel Platz hat. Die Kosten sind familienfreundlich gestaffelt (je mehr Kinder umso billiger!). Erwachsener 12,50 Euro, Erwachsener mit 1 Kind 17,50 Euro, 2 Erwachsene mit 2 Kindern 35 Euro.

Das Hängebauch-schwein trinkt.

Auch Pfauen gibt es auf dem Kastanienhof.

Mit der Wildsau auf Du und Du

Im Schaugehege „Saurucken" macht Natur erleben der ganzen Familie Spaß

Ein Mufflon

Vor den Toren Tübingens liegt in Entringen, am Rande des Naturparks Schönbuch, in einem wunderschönen Mischwald, das Schaugehege „Saurucken". Neben Rot- und Muffelwild können die Kinder hier auch Wildschweine bestaunen, die sehr zahm sind und gern an den Zaun kommen. Auf einem Teich am Wegrand sind meist Enten und andere Wasservögel zu beobachten. Eine Wanderung zum und durch den Naturpark ist auch mit kleineren Kindern und Kinderwagen/Buggys möglich. Auf einer Lichtung beim Saurucken in bester Sonnenlage gibt es außerdem einen Abenteuerspielplatz, ein Beachvolleyball-Feld sowie mehrere Grill- und Picknickplätze. So macht Natur der ganzen Familie Spaß!

Der Naturpark Schönbuch ist mit rund 15 500 Hektar Fläche (etwa so groß wie das Fürstentum Lichtenstein) das größte geschlossene Waldgebiet im Ballungsraum des Mittleren Neckars. Er ist nicht nur ein beliebtes Naherholungsgebiet, sondern auch Lebensraum für eine Vielzahl oft bedrohter Tier- und Pflanzenarten wie Feuersalamander, Gelbbauchunken, Hohltauben, Schwarzspechte, Hirschkäfer und Orchideen. Wer Kinder hat, der weiß, dass Beobachtungen in der Natur für die Kleinen spannender sein können als eine Detektivgeschichte und auch wir Großen profitieren, weil unsere Kinder uns lehren, was wir oft verlernt haben, nämlich genau hinzusehen und die Langsamkeit zu genießen. Im Herzen des Naturparks tummeln sich übrigens innerhalb eines 4000 Hektar großen Gatters circa 150 Stück Rotwild, die größte heimische Wildart. Damit das scheue Wappentier Baden-Württembergs und andere Wildtierarten von großen und kleinen Besuchern gleichermaßen bestaunt werden kann, hat die Verwaltung des Naturparks insgesamt sieben Schaugehege eingerichtet, eben auch das von uns empfohlene. Alle Schaugehege sind von Wanderparkplätzen aus bequem und in kurzer Zeit zu Fuß zu erreichen. Grillplätze, Spielwiesen und Abenteuerspielplätze laden zum Verweilen ein.

Der Abenteuerspielplatz bei den Wildschweinen

POMMES MIT KETCHUP: Gibt es in der Vereinsgaststätte des TGV Entringen in der Nähe des Parkplatzes zum Wildpark für 2,50 Euro die Portion. Dort kann man auch draußen sitzen. Für Kinder gibt es einen Spielplatz.

OFFEN: Ganzjährig geöffnet.

PREISE: Kein Eintritt, Hunde dürfen an der Leine mitgeführt werden.

KONTAKT: Naturparkgeschäftsstelle, Telefon (0 70 71) 60 22 62, E-Mail: naturpark.schoenbuch@rpt.bwl.de, Internet: www.naturpark-schoenbuch.de.
Im Naturpark Infozentrum, das sich im alten Schreibturm des Klosters Bebenhausen befindet, gibt es Informationen, Fotos und Videosequenzen rund um den Schönbuch. Öffnungszeiten: 1. April bis 31. Oktober, Dienstag bis Freitag 9 bis 17 Uhr Samstag, Sonn- und Feiertag 10 Uhr bis 17 Uhr. Eintritt frei.

AUSFLUGSDAUER: Halbtagesausflug.

WEGBESCHREIBUNG: Auf der B28 Richtung Herrenberg, ab dem Ortseingang von Entringen beschildert, über Herd-, Wilk- und Ringstraße, Richtung Sportplatz und Freibad. Ab dem Parkplatz sind es noch ca. 800 Meter bis zu den Wildgehegen. Mit dem Bus: Nr. 7630 von Tübingen Richtung Herrenberg, erste Haltestelle in Entringen aussteigen, von der Straße sind es etwa 15 Minuten zu Fuß zum Wildpark.

DER BESONDERE TIPP: Verbinden Sie den Ausflug mit einem Besuch der Burg Hohenentringen. Vom Biergarten der Anlage, die bereits Jahre 1293 erstmals urkundlich erwähnt wurde, bietet sich dem Besucher ein atemberaubender Ausblick auf das Ammertal und die Wurmlinger Kapelle. Am Horizont sieht man an klaren Tagen in verschiedenen Schattierungen von Blau die ersten Erhebungen der schwäbischen Alb. Im Burghof gibt es einen Brunnen, der in sechs Metern Tiefe einen geheimen Gang beherbergt, der aus dem Schloss führte. Geöffnet sind Schloss, Biergarten und Wirtsstube Dienstag bis Samstag von 11 bis 22 Uhr, an Sonn- und Feiertagen von 10 bis 21 Uhr. Webseite: www.hohenentringen.de

Mufflon-Herde

15

Spiel und Spaß für wenig Geld

Alpen- und Seerosengarten in Engstlatt

Der Alpen- und Seerosengarten in Engstlatt bei Balingen ist ein familiär geführter kleiner Freizeitpark in wunderschöner Umgebung und gilt bei Eltern von Klein- und Grundschulkindern in der Region als Geheimtipp für einen gelungenen Nachmittagsausflug.

Aqua-Bullys sind beliebt.

In unzähligen, schweißtreibenden Arbeitsstunden erschuf ein von den Alpen begeistertes Ehepaar in dem idyllischen Waldstück am Fuße der Schwäbischen Alb bereits in den 50er Jahren eine alpine Miniaturlandschaft, die später der Öffentlichkeit zugänglich gemacht wurde. An einem der vielen mit Seerosen bewachsenen Teiche steht zum Beispiel ein Modell der berühmten Wallfahrtskirche Sankt Bartholomä vom Königssee in den Salzburger Alpen. Und nur wenige Meter weiter kann man das berühmte Märchenschloss Neuschwanstein aus dem Allgäu bewundern – ebenfalls in Miniaturform natürlich! Schwindelfreie Kinder ab sieben Jahren können mit einem Sessellift vom Matterhorn zum Watzmann schweben. Vor einer Almhütte - Heidi und ihr Großvater lassen grüßen! - freut sich eine ganze Herde von Ziegen

über das Popcorn, das es als „Tier- und Kinder-Futter" am Eingang zu kaufen gibt (80 Cent die Tüte) und in einer anderen Ecke des Parks warten immer hungrige Kaninchen und Meerschweinchen am Zaun ihres Geheges auf Klee und Löwenzahn, den kleine Kinderhände unermüdlich durch den Maschendraht stopfen.

Weitere Attraktionen: Eine Miniatur-Eisenbahn, die – durch Glasscheiben vor den Kindern geschützt – vor dem Café/Restaurant unter freiem Himmel durch eine Berglandschaft zuckelt, zwei Hüpfburgen sowie ein Spiel- und ein Sandelplatz. Bei kleinen Kindern besonders beliebt: die Aqua-Bullys. Das sind bunte Bötchen, die – angetrieben von einer Gegenstromanlage – in einer himmelblauen Wasserrinne ihre Kreise ziehen. Größere Kinder können auf einem der Teiche Tretboot fahren. Bei allen Kindern gleichermaßen beliebt ist der Rummelplatz mit den Karussells und zwei Autorennbahnen. Damit sich hier etwas bewegt, müssen allerdings 50-Cent-Münzen eingeworfen werden.

POMMES MIT KETCHUP: Am Eingang zum Park befindet sich ein Selbstbedienungsrestaurant mit Gartenterrasse und einer Spielecke für kleinere Kinder, die mit Bobby-Cars und Tretfahrzeugen ausgestattet ist. Pommes kosten 2,60 Euro.

OFFEN: Von Ostern bis 1. November: Mittwoch bis Freitag von 13.30 Uhr bis 19 Uhr, am Wochenende und an Feiertagen von 10 bis 19 Uhr. Wenn Ostern sehr früh im Jahr ist, hängen die Öffnungszeiten vom Wetter ab. Besser vorher anrufen!

PREISE: Erwachsene 2,70 Euro, Kinder (ab drei Jahren) 2,20 Euro, Familien-Dauer-Sparkarte 30 Euro.

KONTAKT: Alpen- und Seerosengarten, Koeren 1, 72336 Balingen-Engstlatt, Familie Gandt, Telefon (0 74 33) 2 16 73

AUSFLUGSDAUER: Halbtagesausflug. Das Ziel ist von Tübingen aus in einer guten halben Stunde zu erreichen.

WEGBESCHREIBUNG: Auf der B27 Richtung Balingen, Ausfahrt Engstlatt Nord, 300 Meter nach dem Ortseingang von Engstlatt links abbiegen in ein Zone-30-Gebiet (Vorsicht: hier gilt rechts vor links!), dort immer geradeaus, über die Bahngleise, vorbei am Freibad. Nach

Häufig zu Gast am Seerosenteich: der Graureiher.

weiteren 200 Metern gabelt sich die Straße, den linken Weg durch Wiesen und Felder bis ans Ende der Straße fahren.

DER BESONDERE TIPP: In Engstlatt gibt es ein idyllisch gelegenes kleines Freibad, das selbst an heißen Sommertagen nicht überlaufen ist. Wer sich nur mal abkühlen möchte, dem sei ein Besuch der Kneipp-Anlage an der Weggabelung zum Alpen- und Seerosengarten (anstatt links rechts abbiegen) empfohlen. Hier sprudelt 10 Grad kaltes Quellwasser direkt in ein gefliestes Tretbecken. Vom Parkplatz des Alpen- und Seerosenparks aus kann man auch schöne Rundwanderungen durch die anliegenden Wälder und Felder machen. Von vielen Stellen aus hat man einen wunderbaren, vollkommen unverbauten Blick auf die imposante Hohenzollern-Burg.

Autorennbahn auf dem Rummelplatz

Wie die Römer lebten

Villa Rustica: Das Römische Freilichtmuseum in Hechingen-Stein

Wie die Römer lebten und arbeiteten, wie sie sich nach einem anstrengendem Tag in ihrem sprichwörtlich gewordenen römischen Bad entspannten, ja selbst wie sie nebeneinander auf dem Lokus sitzend noch beim Geschäfte machen Geschäfte machten, all das erfährt man im Freilichtmuseum Villa Rustica in Hechingen-Stein.

Der römische Gutshof (lateinisch: „Villa rustica") entstand Ende des ersten Jahrhunderts nach Christus. 200 Jahre lang, bis zum Ende der römischen Herrschaft in Südwestdeutschland, war der Gutshof bewohnt. Danach verfiel die „Villa", sie wurde vom Wald überwachsen und geriet in Vergessenheit. Bis sie 1973 vom Bürgermeister der Gemeinde Stein, Gerd Schollian, zufällig wieder entdeckt wurde. Die Gebäude-Reste wurden nach und nach ausgegraben, der Gutshof teilweise wieder aufgebaut. 1991 wurde das Freilichtmuseum eröffnet und seither immer wieder erweitert.

Heute findet sich in Stein eine imposante Anlage, welche die Besucher problemlos in die römische Zeit zurückversetzt. Der Rundgang führt durch die unterschiedlichen Bereiche (Küche, Speicher, Badehaus) des Gutshofes. Die Räume wurden im Zustand der Ausgrabung belassen, ihre ehemalige Funktion wird anschaulich erklärt. Zentrum des Museums ist das rekonstruierte Hauptgebäude, wo ein Teil der Originalfunde ausgestellt sind. Texttafeln und eine Tonbildschau informieren über die römische Vergangenheit und die Entstehungsgeschichte des Gutshofes. Einige Räume sind voll eingerichtet, so dass man sich ein Bild vom römischen Wohnkomfort machen kann.

Interessant ist auch der Garten der Anlage, dort werden römische Nutz- und Gewürzpflanzen angebaut, auch erhält man einen Einblick in die römische Landwirtschaft und den Straßenbau. Sogar einen kleinen Tempel gibt es auf dem Gelände der Villa Rustica, er wurde anhand antiker Abbildungen wieder aufgebaut und mit Kopien von Statuen bestückt. Die Grabungsarbeiten sind übrigens immer noch nicht abgeschlossen und es ist ein spannendes Gefühl, zu wissen, dass im Wald und unter der Wiese immer noch Spuren der alten Römer darauf warten, entdeckt zu werden.

Der Lokus: Ort an dem die Römer ihre Geschäfte machten.

Gesamtanlage der Villa Rustica

POMMES MIT KETCHUP: Auf dem Gelände der Villa Rustica ist ein kleiner Kiosk, dort gibt es Eis, Hamburger, Pizza und auch die beliebten Knusperstäbchen für 1,50 Euro die Schale.

OFFEN: Die Villa Rustica ist vom 1. April bis zum 1. November geöffnet. Dienstag bis Sonntag, jeweils 10 bis 17 Uhr. Mit Ausnahme von Feiertagen ist das Museum montags geschlossen.

PREISE: Werktags ohne Führung für Erwachsene 3,50 Euro, Senioren 3 Euro, ermäßigt 2,50 Euro. Sonntags mit Führung jeweils 50 Cent mehr. Familienkarte werktags 7 Euro, sonntags 10 Euro.

KONTAKT: Römisches Freilichtmuseum Hechingen-Stein, 72379 Hechingen-Stein Internet: www.villa-rustica.de, Telefon (0 74 71) 64 00 (Sommer).

AUSFLUGSDAUER: Halbtagesausflug.

WEGBESCHREIBUNG: Auf der B 27 von Tübingen Richtung Hechingen, Ausfahrt Hechingen-Nord, dann auf die L 410 Richtung Haigerloch/Rangendingen. Links abbiegen nach Stein, am Ortsanfang rechts ab zum Parkplatz des Museums.

DER BESONDERE TIPP I: Die Villa Rustica verfügt über einen außerordentlich guten Internet-Auftritt. Wer wissen möchte, was ihn in Stein erwartet, kann einen virtuellen Rundgang durch den restaurierten Gutshof machen. Danach kann man online das erworbene Römer-Wissen testen. Wird das Quiz richtig beantwortet, darf man Puzzles mit Motiven aus der Villa auf den PC herunterladen.

DER BESONDERE TIPP II: Alle zwei Jahre gibt es auf dem Gelände der Villa Rustica ein Römerfest. Das nächste Römerfest steigt am 16. und 17. August 2008.

Modell der Anlage

Die Speise der Götter

Das Ritter-Sport-Museum in Waldenbuch verbindet Kunst- und Schoko-Genuss

FUN-FAKTOR
Mit allen Sinnen
genießen

Heute gehen wir in ein Museum" – selten ruft dieser Vorschlag freudestrahlende Mienen beim Nachwuchs hervor. Wetten, das ist anders, wenn das Ziel des Familienausfluges die Firma Ritter Sport in Waldenbuch ist? In der interaktiven Schoko-Ausstellung kommen nicht nur kleine Naschkatzen auf ihre Kosten. Besonders beliebt ist auch die Schoko-Werkstatt. Während die Kinder dort ihre eigene quadratische Schokolade kreieren, können die Erwachsenen im benachbarten Museum Ritter schauen, welche eindrucksvollen Spuren das Quadrat in der Kunst hinterlassen hat.

Wie riechen frisch geröstete Haselnüsse und wie fühlt sich eigentlich eine Kakaofrucht an? Mit allen Sinnen erfahren die Besucher/innen in der interaktiven Schoko-Ausstellung alles Wissenswerte über Schokolade, die einst als Speise der Götter galt. Natürlich wird auch das Geheimnis des Quadrats gelüftet. Die quadratische Verpackung wurde bereits 1932 von der Firmengründerin Clara Ritter

*In der Schoko-
werkstatt*

erfunden. Sie wollte eine Schokoladentafel herstellen, die in jede Jackentasche passt. Der passende Slogan kam dann vier Jahrzehnte später: „Quadratisch, praktisch, gut!" – und das gilt bis heute.

Von der Kakaobohne bis zur fertigen quadratischen Schokoladentafel, ist es freilich ein weiter Weg. Wer Lust hat, kann die Ausstellung mit Hilfe eines Fragebogens erkunden und sein frisch erworbenes Wissen testen. Wie hieß doch gleich der Gott, der die Schokolade erfand? Und welcher Seefahrer, den man gemeinhin mit einem Ei in Verbindung bringt, hat sie nach Europa gebracht?

Die beliebteste Station der Ausstellung ist eine Vitrine, in der sich eine Miniatur-Schokoladen-Fabrik befindet. Auf Knopfdruck wird ein kleiner Lastwagen mit einer Minitafel Ritter-Sport beladen und prompt an den „Kunden" ausgeliefert. Wer danach so richtig auf den Geschmack gekommen ist, kann sich im Schoko-Shop mit der Speise der Götter eindecken.

POMMES MIT KETCHUP: Verbietet sich in einer Schokoladen-Fabrik eigentlich von selbst.

OFFEN: Ritter Sport Schokoladen: Die Schoko-Ausstellung hat Montag bis Freitag von 8 bis 18.30 Uhr, Samstag von 9 bis 18 Uhr sowie an Sonn- und Feiertagen von 11 bis 18 Uhr geöffnet. Das Museum Ritter ist dienstags bis sonntags von 11 bis 18 Uhr geöffnet. Der Schoko-Shop hat Montag bis Freitag von 8 bis 18.30 Uhr, Samstag von 9 bis 18 Uhr und an manchen Sonntagen von 11 bis 18 Uhr geöffnet (die Termine stehen im Internet).

PREISE: Der Eintritt in die Schoko-Ausstellung ist frei, das Museum Ritter kostet für Erwachsene 5 Euro, Kinder und Jugendliche sind frei.

KONTAKT: Ritter Sport, Alfred-Ritter-Straße 27, 71111 Waldenbuch, Internet: www.ritter-sport-de, E-Mail: schokoladen@ritter-sport.de, Telefon (0 71 57) 97-704. Museum Ritter: Telefon (0 71 57) 53 51 1-0, E-Mail: besucherservice@museum-ritter.de.

AUSFLUGSDAUER: Mit Museumsbesuch zwei bis drei Stunden.

WEGBESCHREIBUNG: Mit dem Auto von Tübingen über Detten-

In der Schokowerkstatt muss auch fleißig probiert werden.

hausen nach Waldenbuch. In der Ortsmitte der Beschilderung folgen.

DER BESONDERE TIPP I: In der Schoko-Werkstatt können Kinder und Jugendliche (von sieben bis 18 Jahren) ihre eigene Schokolade samt Verpackung kreieren und dabei alles über die Herstellung von Schokolade erfahren. Kosten: fünf Euro pro Teilnehmer.
Wegen der großen Nachfrage muss der Schoko-Workshop mehrere Monate im Voraus gebucht werden (Infotelefon (0 71 57) 97-704).

DER BESONDERE TIPP II: Während sich die Kinder als Schoko-Meister betätigen, können die Eltern im Museum Ritter die eindrucksvolle Sammlung Marli Hoppe-Ritter besichtigen oder im Museums-Café entspannen.

ACHTUNG
Die Schokowerkstatt hat lange Anmeldezeiten!

Fertig!

Es klappert die Mühle am rauschenden Bach

Das Siebenmühlental lässt sich mit Fahrrädern, zu Fuß oder mit Inlinern erkunden

FUN-FAKTOR
Auf Schusters
Rappen oder
Rollen Natur pur
erleben

Das Siebenmühlental liegt südlich von Stuttgart am Rande des Naturschutzgebiets Schönbuch. Es beginnt in Leinfelden-Echterdingen und endet nach zehn Kilometern in Waldenbuch, wo der Reichenbach, der durch das Tal mäandert, in die Aich mündet. Von 1928 bis 1956 verkehrte hier ein Dampfzug zwischen Leinfelden und Waldenbuch. Auf dieser ehemaligen Eisenbahntrasse der Deutschen Reichsbahn verläuft heute ein asphaltierter Wanderweg, der sich nach wie vor im Eigentum des Bundes befindet und daher die ungewöhnliche Bezeichnung „Bundeswanderweg" trägt. Da der ehemalige Bahndamm nur sehr sacht ansteigt beziehungsweise abfällt, ist er für Fahrradausflüge von Familien mit kleinen Kindern besonders gut geeignet. Aber auch Inline-Skater fühlen sich hier wohl.

Der Name Siebenmühlental ist übrigens irreführend, denn tatsächlich reihen sich elf Mühlen entlang des Reichenbachs. Sieben waren im Grundbuch von 1383 eingetragen – daher der Name! – später kamen noch vier weitere dazu. Wir empfehlen, das Tal von Waldenbuch flussaufwärts zu erkunden, da die Kinder für den ansteigenden Hinweg mehr Kraft brauchen und man sich für den Rückweg, wenn die Kids bereits müde sind, das Gefälle zu Nutze machen kann.

① Die erste Mühle, die uns hier begegnet ist die **Burkhardtsmühle**. Leider ist das Haus seit Jahren unbewohnt und verfällt zusehends.

② Die **Untere Kleinmichelsmühle** wurde 1417 erstmals als Getreidemühle erwähnt. Das jetzige Mühlengebäude stammt aus dem 17. Jahrhundert. 1907 wurde es zum Sägewerksbetrieb umgebaut, in dem heute allerdings nicht mehr mit Wasserkraft, sondern mit Strom gearbeitet wird.

③ Der Weg führt dann an der **Oberen Kleinmichelsmühle** vorbei zur **Kochenmühle**, die ebenfalls im ausgehenden Mittelalter **④**

erstmals schriftlich erwähnt wurde. Das Gebäude, das heute zu sehen ist, stammt allerdings aus dem 16. Jahrhundert. Ihren Namen hat die Mühle von der Familie Koch, die von 1720 bis 1956 dort lebte. Heute lädt das „Mühlenstüble" mit seinem Biergarten zu einem Aufenthalt ein. Auf der Wiese am Bach können die Kinder spielen oder Borkenboote schwimmen lassen.

⑤ Der Weg führt weiter an Pferdekoppeln - die **Walzenmühle** beherbergt heute **⑥** einen Reiterhof - zur hübschen **Schlösslesmühle**. Sie war einst die Poststation auf dem Weg von Stuttgart nach Tübingen. Der westliche Giebel des Hauptgebäudes ist ein spätmittelalterlicher Staffelgiebel und verleiht dem Gebäude ein schlossähnliches Aussehen – daher auch der Name. Als erste Mühle im Siebenmühlental wurde die Schlösslesmühle 1925 stillgelegt. Dafür gibt es aber seit 1912 eine Gaststätte die – speziell im Sommer bei geöffnetem Biergarten – zahlreiche Gäste anlockt.

⑦ Die **Schlechtsmühle** hat ihren Namen dagegen wieder von der Besitzerfamilie „Schlecht". Das

Die Obere Mühle

Die Eselsmühle

Museum in der Mäulesmühle

ursprünglich ebenfalls mittelalterliche Gebäude brannte ab und wurde 1862 wieder aufgebaut. Heute befindet sich hier eine Bioland-Rinderzucht. Die Kühe und ihre Kälber sind von April bis Oktober auf den Wiesen rund um die Mühle zu sehen.

(8) Die **Seebruckenmühle** bekam ihren Namen wegen zweier Seen, die früher oberhalb und unterhalb der Mühle lagen, sowie einer Steinbrücke, die über die alte Landstraße von Stuttgart nach Tübingen führte. Auch hier gibt es wieder Gelegenheit zur Einkehr. Direkt neben der Mühle befindet sich die Galerie „Weiße Scheune" des Malers und Bildhauers Hans Hahn-Seebruck. Sie ist Samstag von 11 bis 16 Uhr geöffnet. (Anmeldungen außerhalb dieser Zeit über Telefon (0711) 79 70 024).

(9) Die **Mäulesmühle** ist hauptsächlich bekannt durch ihre „Komede-Scheuer", ein schwäbisches Mundart-Theater, das überregional bekannt ist und auch im Fernsehen übertragen wird. Außerdem gibt es im Erdgeschoss der Mäulesmühle ein informatives Museum, in dem die Geschichte des Hauses und des Müllerhandwerkes dargestellt wird. Herzstück ist das voll funktionstüchtige Mahlwerk aus dem Jahre 1819 (ganzjährig geöffnet, Samstag bis Dienstag, 14 bis 18 Uhr). Die Mäulesmühle beher-

bergt seit dem Mai 2007 auch ein Bio-Restaurant mit Biergarten.

(10) Die **Eselsmühle** ist die einzige Mühle, die bis heute die Wasserkraft des Reichenbachs zum Mahlen von Getreide nutzt, das dann in der hauseigenen Bäckerei zu Brot gebacken wird. Es gibt außerdem eine Cafe- und Vesperstube, einen gut sortierten Bioladen sowie eine Fossiliensammlung, die in der alten Backstube untergebracht ist. So manche Rarität hat Rudolf Gmelin hier zusammengetragen: Mammutstoßzähne aus Steinheim an der Murr, Haifischzähne aus der Gegend von Heidenheim und ein riesiger Ammonit aus Leinfelden-Unteraichen. Schauen Sie mal rein! Der Eintritt ist frei (Öffnungszeiten Montag bis Samstag 9 bis 18 Uhr, Sonntag 12 bis 18 Uhr) Für die Kinder gibt es außerdem allerlei Getier: Hühner, Gänse, Kühe, Schafe und natürlich auch einige Esel!

(11) Die **Obere Mühle** ist die erste oder die letzte Mühle im Reichenbachtal – je nachdem von welcher Seite man kommt. Sie wurde 1383 erstmals urkundlich erwähnt und hieß zunächst Mohrenmühle, benannt nach der Familie Mohr, die sie rund 200 Jahre lang bewirtschaftete.

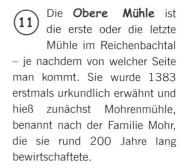

POMMES MIT KETCHUP:
Pommes gibt es in den meisten Wirtschaften am Weg, beispielsweise im Biergartencafé „Waldmeister", ganzjährig geöffnet, Telefon (0 71 57) 53 61 92; „Mühlenstüble" in der Kochenmühle, ganzjährig geöffnet, Donnerstag Ruhetag, Telefon (0 71 57) 47 64; Gaststätte „Schlösslesmühle", Dienstag-Sonntag geöffnet, durchgehend warme Küche bis 21 Uhr, Telefon (07 11) 79 27 12; Gaststätte „Seebruckenmühle", Dienstag bis Samstag von 17 bis 1 Uhr, sonn- und feiertags 12-1 Uhr, Telefon (07 11) 78 25 18 3, Bio-Snack-Café- Bar „optimal" in der Mäulesmühle, geöffnet von Mo. bis Fr. 9 bis 24 Uhr, Sa. 19 bis 1 Uhr, sonn- und feiertags 10 bis 18 Uhr.

OFFEN: Ganzjährig.

PREISE: Kein Eintritt.

KONTAKT: Sehr informative Web-Seite unter www.siebenmühlental.de

AUSFLUGSDAUER: Halbtags.

WEGBESCHREIBUNG: Mit dem Auto: Von Tübingen über Lustnau Richtung Pfrondorf. An der Steigung links Richtung Dettenhausen und weiter bis Waldenbuch. Dort nach rechts auf die L1185 Richtung Neuenhaus. Die Zufahrt zur Burckhardtsmühle/Glashütte ist beschildert. Am Parkplatz, von dem der Weg nun direkt ins Siebenmühlental führt, befindet sich ein großer Spielplatz! Mit dem Bus: kann das Tal nur flussabwärts, also entgegengesetzt zu der beschriebenen Richtung, erkundet werden. Die Linien 826 und 86 fahren von Tübingen über Leinfelden bis nach Stuttgart-Vaihingen und halten auch in Musberg (und umgekehrt). Fahrpläne und Details unter www.rbs-bus.de

Tarzan lässt grüßen

Im Hochseilgarten von Baum zu Baum schwingen

Karabiner, Klettergurt und Helm sind Pflicht.

Wer würde nicht gerne einmal wie Tarzan und Jane in luftiger Höhe von Baum zu Baum schwingen oder wie Spiderman ein Netz erklimmen? Im Abenteuerpark Schloss Lichtenstein muss man nicht über übersinnliche Kräfte verfügen, um in bis zu zwölf Metern Höhe buchstäblich über sich hinauszuwachsen. Aber ein wenig Mut gehört schon dazu.

Mitmachen kann jeder, der acht Jahre oder älter ist und ein wenig Trittsicherheit und eine erwachsene Begleitperson mitbringt. An einer Bodenstation weisen die Mitarbeiter des Hochseilgartens die angehenden Klettermaxen ein, machen sie mit der Ausrüstung vertraut und üben die wichtigen Handgriffe. Im Klettergurt, mit Karabiner und Helm gesichert, darf dann jeder für sich sein ganz individuelles Abenteuer unter den Baumkronen erleben: Gehend, kletternd, schwingend oder rutschend bewegt man sich von Plattform zu Plattform fort.

Sieben Parcours in sieben Schwierigkeiten warten darauf, bezwungen zu werden, wobei das Mindestalter je nach Schwierigkeitsgrad variiert.

„Schlossschenke" heißt der einfachste Parcours, der in dreieinhalb Metern Höhe nach ersten Klettererfolgen zum Verweilen einlädt. Der „Pagenweg" und das „Turmzimmer" sind bereits schwieriger und führen auch schon in etwas höhere Gefilde, dürfen aber auch noch von den jüngsten Besucher(inne)n erklommen werden. Wacklige Knie (vor allem bei den Eltern!) sind spätestens hier garantiert, aber keine Bange: Das Sicherungsseil hält.

Für den „Ritterschlag" muss man mindestens zwölf Lenze auf dem Buckel haben. Wer diesen Parcours ohne Zögern schafft, kann zum Ritter geschlagen werden.

Der anspruchsvolle Parcours „Münchhausens Flug" ist für junge Kletterartisten (ab 14 Jahren) gedacht. Mindestens 16 Jahre alt muss sein, wer sich ins „Labyrinth" unter die Baumkronen wagt, denn dort kann man schon einmal die Orientierung verlieren. Der schwierigste Parcours, die „Folterkammer", ist für erwachsene Hochseilprofis reserviert, denn hier braucht man wirklich Nerven wie Drahtseile...

POMMES MIT KETCHUP: Gibt es gleich nebenan in der „Schlossschenke" für 2,50 Euro die Portion.

OFFEN: Ab März bis Anfang November (je nach Witterung), Mitte Mai bis Juli von 9 bis 19 Uhr, in den Sommerferien täglich 9 bis 20 Uhr, danach wieder kürzer. Die genauen Zeiten stehen im Internet. Nach Absprache sind auch Termine außerhalb der Öffnungszeiten möglich. Der Abenteuerpark ist bei jedem Wetter geöffnet, außer bei Sturm, Gewitter oder starkem Regen (telefonische Rücksprache möglich).

PREISE: Erwachsene: 18 Euro, Jugendliche bis 18, Studenten und Auszubildende: 16 Euro, Kinder und Jugendliche bis 15 Jahre: 13 Euro. Gruppenrabatt (ein freier Eintritt pro zehn Personen) und ermäßigte Preise für Familien.

KONTAKT: Abenteuerpark Schloss Lichtenstein, Telefon (01 78) 54 79 30 4, Internet: www. abenteuerpark-schlosslichtenstein.de

AUSFLUGSDAUER: Drei bis dreieinhalb Stunden im Hochseilgarten.

WEGBESCHREIBUNG: Mit dem Auto von Tübingen über Gomaringen, Gönningen, Genkingen, Richtung Engstingen, vor Engstingen abbiegen zum Schloss Lichtenstein. Von Reutlingen kommend über Pfullingen, Lichtenstein und dann zum Schloss.

DER BESONDERE TIPP: Nicht ganz so mutige oder schwindelfreie Familienmitglieder können ihre

Höhenangst darf man auch bei den einfachen Parcours nicht haben.

Kletteraffen im Hochseilpark lassen und währenddessen das benachbarte Schloss Lichtenstein besuchen und/oder einen Spaziergang zur nahe gelegenen Nebelhöhle (drei Kilometer Fußmarsch) unternehmen und diese besichtigen.

ACHTUNG Mindestalter acht Jahre (Ausweis mitbringen), Kinder unter 14 nur in Begleitung eines Erwachsenen, pro Erwachsener maximal zwei Kinder.

Einmal Mars und zurück

Mit dem Planetarium durch Raum und Zeit reisen

Wer sich schon immer einmal als Zeitreisender betätigen wollte und beim Reiseziel auch vor fernen Galaxien nicht zurückschreckt, für den ist der Zeiss Universarium Modell IX der ideale Reisebegleiter. Nein, keine Angst, dabei handelt es nicht um einen finsteren Außerirdischen, sondern vielmehr um den ultramodernen Projektor des Stuttgarter Planetariums, der in faszinierender Weise Reisen in kosmische Weiten und ferne Zeiten ermöglicht. Da für Erstbesucher, Astronomie-Neulinge und Teenager das Standardprogramm „Die große Tour durch Raum und Zeit" am besten geeignet ist, wollen wir dieses hier etwas näher beleuchten.

Langsam wird es im Kuppelsaal immer dunkler. Zu den bombastischen Klängen von Richard Strauss' „Also sprach Zarathustra" steigt der Planetariumsprojektor aus der Tiefe empor. Die Vorführung beginnt mit einem Blick in eine ferne Vergangenheit. Am Firmament erscheint die seltene Planetenkonstellation vom Februar des Jahres 1953 vor unserer Zeitrechnung, die den Beginn des alten chinesischen Kalenders markiert.

Danach geht es mit der Zeitmaschine Planetarium in Windeseile zurück in die Gegenwart. Der aktuelle Wintersternenhimmel mit seinen Sternbildern wird demonstriert und erläutert. Eine Nacht läuft ab und die Sonne geht auf. Es folgt eine Zeitreise zum Sommerbeginn. Eine totale Sonnenfinsternis wird simuliert, die nur wenige Menschen in echt erleben, weil sie so selten ist. Danach entführt der Planetariumsprojektor die Besucher an den Südpol der Erde und verschafft ihnen einen Blick auf den fremdartigen Sternenhimmel über der bizarren Eislandschaft.

Zum Schluss wird noch eine fantastische Reise ins Weltall unternommen. Ungestört von irdischen Lichtern, Dunst und Staub erscheint ein Sternenhimmel, wie ihn sonst nur Astronauten sehen können. Mars und Jupiter werden angesteuert, bevor man in die ferneren Bezirke des Sonnensystems eintaucht. Nach einer runden Stunde kehren die Zeitreisenden mit dem Bewusstsein ins Hier und Jetzt zurück, dass im Universum noch viel Raum für Rätsel bleibt.

POMMES MIT KETCHUP: In den Sommermonaten im Biergarten direkt hinter dem Planetarium, ansonsten ist die Königsstraße mit ihren Imbissbuden nicht weit.

OFFEN: Öffentliche Vorführungen im Planetarium in Stuttgart gibt es täglich außer montags. Das Standardprogramm „Die große Tour durch Raum und Zeit" (empfiehlt sich für Familien mit Kindern ab zehn Jahren) läuft jeden Mittwoch und Freitag um 10 Uhr und jeden Sonntag um 16 Uhr.

PREISE: Planetarium Stuttgart: Erwachsene 6 Euro, Schüler und Studenten 4 Euro. Ermäßigungen für Sozialpass- und Familienpass-Inhaber. Vormittagsvorführungen: generell 4 Euro. Die Kasse ist jeweils eine Stunde vor Beginn geöffnet. An Wochenenden sollte generell vorbestellt werden.

KONTAKT: Planetarium Stuttgart, Mittlerer Schlossgarten, Willy-Brandt-Straße 25, Telefon: (01 80) 511 044 522. Internet: www. planetarium-stuttgart.de

AUSFLUGSDAUER: Dauer der Vorführungen jeweils rund eine Stunde. Man sollte aber etwas Wartezeit einrechnen. Mit anschließendem Besuch des Parks maximal zwei bis drei Stunden.

Das Planetarium bei Nacht

WEGBESCHREIBUNG: Mit dem Auto: Richtung Stuttgart Hauptbahnhof. Beim Planetarium gibt es einen bewachten Parkplatz (Gebühr für die Dauer der Vorführung: zwei Euro). Fernverkehr: Bis Stuttgart Hauptbahnhof, danach fünf bis zehn Minuten zu Fuß durch den Mittleren Schlossgarten.

DER BESONDERE TIPP I: Für fünf- bis neunjährige Kinder gibt es an Wochenenden (Samstag und Sonntag jeweils 14 Uhr) ein spezielles Kinderprogramm: „Wo schläft die Sonne in der Nacht?".

DER BESONDERE TIPP II: Für leidenschaftliche Sternengucker (ab zehn Jahren) empfiehlt sich unbedingt ein Besuch des Hauptprogramms, das alle zwei Monate wechselt. Hier zeigt das Planetarium den jeweils aktuellen Sternenhimmel. Di. und Do. jeweils 10 und 15 Uhr, Mi. und Fr. jeweils 15 und 20 Uhr, Sa. 16 und 18 Uhr sowie So. 18 Uhr.

Der Planetariumsprojektor im Kuppelsaal

Mythos mit Stern

Das Mercedes-Benz Museum in Stuttgart-Untertürkheim

Wetten, dass hier nicht nur kleine Jungs glänzende Augen kriegen? Das neue Mercedes-Benz Museum in unmittelbarer Nähe des Daimler-Stadions enthält auf 16 500 Quadratmetern 1500 Exponate aus der rasanten Welt der Automobile. Auf Technikfreaks warten unzählige Motoren mit detaillierten technischen Beschreibungen. Die spektakulärsten Ausstellungsstücke aber sind die flotten Flitzer selbst.

Auf neun Ebenen werden über 160 chromblitzende Fahrzeuge präsentiert. Vom Silberpfeil bis zum Spezial-Roadster, vom Blitzen-Benz, mit dem Bob Burman 1911 mit 228 Kilometern einen sensationellen Weltrekord aufstellte, bis zum Mercedes-Benz 300 SL Coupé mit seinen legendären Flügeltüren findet sich auf neun Ebenen alles, was das Autofahrerherz höher schlagen lässt.

Erkundet werden kann das Museum auf zwei unterschiedlichen Routen und zwar von oben nach unten: Erst geht es mit dem gläsernen Aufzug unters Dach des Hauses, das auch architektonisch ein Glanzstück ist. Oben müssen sich die Besucher für eine der beiden Strecken entscheiden, die sich spiralförmig nach unten winden.

Wer sich auf den Mythos-Rundgang begibt, lernt die Geschichte von Mercedes-Benz in chronologischer Reihenfolge kennen und erfährt nebenbei viel Wissenswertes aus der jeweiligen Zeit. Unten angekommen landen die Besucher in der Gegenwart, sowohl zeitgeschichtlich als auch automobiltechnisch.

Auf dem Collectionen-Rundgang sind die Ausstellungstücke nach Themen geordnet: So finden sich etwa in der „Galerie der Helfer" imposante Feuerwehr- oder Rettungsfahrzeuge.

Auf jeder Ebene queren sich die beiden Routen, so dass jederzeit bequem die „Fahrbahn" gewechselt werden kann oder aber beide Bereiche nacheinander besichtigt werden können. Anschauliche Video-Filme ergänzen die Schau in allen Bereichen. Voraussetzung für einen vergnüglichen Museumsnachmittag mit Kindern ist freilich, dass man sich bei der Hülle an Informationen nicht zu viel vornimmt. Lieber noch mal wieder kommen.

POMMES MIT KETCHUP: Im Museum gibt es ein Restaurant, in dem für Kinder unter acht Jahren kleine Gerichte für 1 Euro angeboten werden. Neben Spätzle mit Sauce sind das auch die beliebten knusprigen Stäbchen mit Ketchup.

OFFEN: Geöffnet von Dienstag bis Sonntag und an Feiertagen 9 bis 18 Uhr. Kassenschluss um 17 Uhr. An Wochenenden ist die Schlange vor dem Museum bisweilen recht groß.

PREISE: Erwachsene 8 Euro, Schüler (ab 15 Jahren), Auszubildende, Studenten und Rentner 4 Euro, Kinder bis 15 Jahre sind frei.

KONTAKT: Mercedes-Benz Museum, Mercedesstraße 100, 70372 Stuttgart, Telefon (07 11) 173 00 00, Internet: www.museum-mercedes-benz.com

AUSFLUGSDAUER: Zwei bis drei Stunden. Dann ist das Museum zwar längst noch nicht erschöpfend erkundet, die Besucher/innen aber hinreichend erschöpft.

WEGBESCHREIBUNG: Von Tübingen kommend über Nürtingen/Plochingen, auf die B 10 Richtung Stuttgart bis zur Ausfahrt Stuttgart Ost, dann dem Leitsystem Neckar-Park Richtung Gottlieb-Daimler-Stadion/Mercedes-Benz Museum folgen. Bei Heimspielen des VFB Stuttgart und anderen Großveranstaltungen im Gottlieb-Daimler-Stadions sind die Zufahrtsmöglichkeiten zum Museum beschränkt, dann empfiehlt sich die Anreise mit öffentlichen Verkehrsmitteln. Geparkt werden kann im Museumsparkhaus und im Parkhaus P4 (für die erste bis dritte Stunde) beträgt die Parkgebühr 1 Euro pro Stunde, danach 2 Euro pro Stunde.

DER BESONDERE TIPP: Das Museum lässt sich gut mit Hilfe von Autoguides erkunden. Für Kinder von sechs Jahren an gibt es ein spezielles Kinderprofil. Wer lieber einen leibhaftigen Guide möchte, kann an einer Sammelführung teilnehmen (Tickets gibt's für vier Euro an der Museumskasse).

Die Silberpfeile – Glanzstücke auf dem Mythos-Rundgang

Die ersten Automobile aus dem 19. Jahrhundert

Helden zum Anfassen

Den Stars des VfB Stuttgart beim Training zuschauen

FUN-FAKTOR
Große Helden
hautnah erleben
- für echte Fans
das Größte

Welcher kleine Fußballheld und welche kleine Fußballheldin träumen nicht davon, einmal ganz nah bei ihren Fußballvorbildern zu sein? Ihnen zuzujubeln, sie live schwitzen, lachen und fluchen zu sehen? Der VfB Stuttgart gewährt seinen Fans dieses Vergnügen, und zwar auf unkomplizierte Weise: Er hält sein regelmäßiges Training im Schatten des futuristisch gigantischen Gottlieb-Daimler-Stadions (fast immer) öffentlich ab.

heit, allerdings auch längst kein Geheimtipp mehr. Jeder, der mag – und bei gutem Wetter mögen viele – kann einfach im Stadion vorbeikommen und dem normalen Trainingsbetrieb vom Spielfeldrand aus zuschauen.

Das ist natürlich nicht so spannend wie ein Fußballspiel, denn der Alltag von Profis bedeutet üben, üben, üben. Ewig rennen sie hin und her und dann schießen sie aufs Tor, wieder und immer wieder. Aber auch wenn jede Trainingseinheit x-mal wiederholt wird – die eineinhalb Stunden Training werden einem echten Fan garantiert nicht langweilig. Und manchmal, zur Freude der kleinen und großen Zuschauer, zaubert einer der Stars mit seinem Ball.

Für die Fans gibt's natürlich nur Stehplätze am Zaun....

Andere Bundesliga-Clubs machen das nicht (mehr) oder denken, wie beispielsweise der FC Bayern, offen darüber nach, wie sie ihre Ballkünstler besser abschotten können. Das öffentliche Training auf den Anlagen hinter dem kleinen VfB-Clubzentrum ist also eine Besonder-

Bis zum Schluss zu warten, lohnt sich aber auch deshalb, weil sich die VfB-Kicker bevor sie in ihre Kabinen verschwinden, meist nicht lumpen lassen und am Rande des Trainingsfelds gerne Autogramme geben. Wer dann immer noch nicht genug hat, kann im Shop des Clubzentrums Fanartikel erwerben.

POMMES MIT KETCHUP: Gibt es in der VfB-Gaststätte, aber erst abends ab halb sechs für 2,60 Euro.

OFFEN: Die VfB-Trainingstage und -zeiten sind auf der Homepage unter Aktuell/Termine: "Training Lizenz-spieler" zu finden, meistens um 10 oder 15 Uhr. Wer sichergehen will, dass das Training wirklich am Clubzentrum stattfindet, sollte vorher kurz anrufen (kostet 12 Cent die Minute).

PREISE: kostenlos

KONTAKT: VfB Stuttgart 1893 e. V., Mercedesstraße 109, 70372 Stuttgart, Telefon: (0 18 05) 83 25 463 (12 Cent pro Minute), Internet: www.vfb-stuttgart.de

AUSFLUGSDAUER: 3 bis 4 Stunden

WEGBESCHREIBUNG: Über die B 27 in die Stuttgarter Stadtmitte, am Charlottenplatz rechts Richtung Cannstatt, das Daimlerstadion ist ausgeschildert. Daneben befindet sich das VfB-Clubzentrum, an dem geparkt werden kann. Rechts daran vorbei kommt man über einen klei-nen Weg zum Spielfeldrand. Unter der Woche geht es von Tübingen kommend über Nürtingen/ Plochingen schneller: auf die B 10 Richtung Stuttgart bis zur Ausfahrt Stuttgart Ost, dann dem Leitsystem NeckarPark Richtung Gottlieb-Daim-ler-Stadion folgen.

Hier war Andreas Hinkel noch beim VfB.

DER BESONDERE TIPP: Fußball mitnehmen! Falls das Zuschauen auf Dauer zu langweilig ist, können die kleinen Fußballhelden ihr Können auf dem Kunstrasenplatz direkt neben dem VfB-Trainingsplatz demonstrieren. Zumindest solange dieser nicht von den Jugendmann-schaften besetzt ist. Und auf keinen Fall sollte man vergessen, Getränke mitzunehmen. Denn selber kicken macht noch durstiger als andere schwitzen sehen.

Trainieren, trainieren, trainieren.

Der Ulmer Spatz lässt bitten

Mit dem historischen Schienenbus über die Schwäbische Alb

FUN-FAKTOR
Nicht nur für angehende Lokomotivführer eine vergnügliche Fortbewegungsart

Eine Bahnfahrt, die ist lustig. Umso mehr, wenn es sich bei dem Bähnle um den historischen Schienenbus „Ulmer Spatz" handelt, der von Mai bis Oktober an Sonn- und Feiertagen von Ulm auf die Schwäbische Alb fährt. Tagsüber pendelt das nostalgische Gefährt, das von den Schienenbusfreunden Ulm e.V. betrieben wird, im Zweistunden-Takt zwischen Münsingen und Kleinengstingen hin und her. Der „Ulmer Spatz" bietet so eine ideale Ausgangsbasis für Wanderer und auch für Radler, denn im Fahrradwagen kann bequem der Drahtesel mitgenommen werden. Abends kehrt der mintgrüne historische Schienenbus dann wieder in die Münsterstadt zurück.

Entlang der Bahnstrecke zwischen Kleinengstingen und Münsingen (mit Zwischenstopps in Kohlstetten, Offenhausen, Gomadingen und Marbach) laden attraktive Ausflugsziele zum Aussteigen ein: Für Pferdefreunde bietet sich ein Halt beim Marbacher Gestüt und ein Spaziergang durch die Stallungen und Koppeln an, urgeschichtlich Interessierte können die Bärenhöhle besuchen, auch das Schloss Lichtenstein ist nicht weit.

Zwei Routen für Wanderer hat das „Ulmer-Spatz"-Team genauer ausgearbeitet, sie dauern beide etwa zwei Stunden, die Strecken sind auch für Familien mit Kinderwagen gut geeignet. Anfahrt in beiden Fällen mit dem Ulmer Spatz nach Gomadingen, Tickets gibt's im Zug. Der erste Wandervorschlag führt von Gomadingen (teilweise am Planetenweg entlang) zum Aussichtsturm Sternberg. Von dort geht es weiter nach Offenhausen, wo die Wanderer wieder den „Ulmer Spatz" besteigen können.

Der zweite Vorschlag ist eine Rundwanderung durch den Naturerlebnispfad von Gomadingen. Hier folgt man den Spuren des Wildschweins. An 36 Stationen stellt der Lehrpfad die Lebensräume Wald und Wacholderheide vor, auch Geologie und Geschichte werden erklärt.

POMMES MIT KETCHUP: Im „Ulmer Spatz" kann man lediglich Getränke kaufen. Pommes gibt es aber in zahlreichen Gaststätten entlang der Bahnstrecke oder an den Kiosken bei der Bärenhöhle und am Schloss Lichtenstein.

OFFEN: Der historische Schienenbus fährt an Sonn- und Feiertagen vom 1. Mai bis Mitte Oktober.

PREISE: Die „Entdecker"-Tageskarte gilt für das Gesamtnetz und kostet für Einzelpersonen 9 Euro, in der Gruppe (maximal fünf Personen, zwei Kinder zählen als ein Erwachsener) 18 Euro, Kinder bis zum vollendeten 5. Lebensjahr fahren kostenlos, auch Hunde und Fahrräder werden kostenlos befördert. Tickets gibt es bei den Fahrkartenausgaben, Reisezentren, in den RAB Bussen sowie ohne Aufpreis im „Ulmer Spatz".

KONTAKT: Informationen zum „Ulmer Spatz" gibt es bei den Schienenbusfreunden Ulm e.V. unter www.albbahn.de oder beim RAB-KindenCenter Münsingen unter

(0 73 81) 93 94-0. Informationen zu beiden Wandervorschlägen gibt es beim Bürgermeisteramt Gomadingen oder im Internet unter www.albbahn.de

Nach Herzenslust schauen.

AUSFLUGSDAUER: Mit Wanderung oder Besuch einer der Sehenswürdigkeiten etwa drei bis vier Stunden. Die Fahrt mit dem „Ulmer Spatz" von Kleinengstingen nach Münsingen dauert 39 Minuten.

WEGBESCHREIBUNG: Mit dem Auto von Tübingen nach Reutlingen, über Pfullingen, Lichtenstein nach Kleinengstingen.

DER BESONDERE TIPP: Die Schwäbische Alb mit Rad und Ulmer Spatz erfahren: Für die Radtour auf die Alb übernimmt der RAB RadBus den Aufstieg von Reutlingen nach Kleinengstingen. Die Fahrzeiten sind auf den „Ulmer Spatz" abgestimmt.

Der Ulmer Spatz unterwegs bei Gomadingen.

Alles Glück der Erde

Haupt- und Landgestüt Marbach:
Edle Pferde in reizvoller Landschaft

„Alles Glück der Erde liegt auf dem Rücken der Pferde" - wenn das Sprichwort stimmt, muss Marbach ein glückliches Fleckchen Erde sein. Ein wunderschönes ist es allemal: Das auf der Hochebene der Schwäbischen Alb gelegene Reiterparadies ist das älteste staatliche Gestüt Deutschlands. Rund 500 Pferde - vom zierlichen Vollblutaraber bis zum kräftigen Schwarzwälder Kaltblut - leben in den Gestütshöfen Marbach, Offenhausen und St. Johann. Sie ziehen alljährlich Zigtausende von Besuchern an.

Für Kinder besonders interessant ist es, einen Blick in die Kinderstube der edlen Vierbeiner zu werfen. Ende Februar, wenn auf der Alb manchmal noch Schnee liegt, kommen in Marbach die ersten Fohlen auf die Welt. Bis Ende Mai gibt es ständig Nachwuchs. Die Stuten werden mit ihren Fohlen in Herden auf den Koppeln gehalten. Sechs Monate lang dürfen sich die Fohlen, wenn es die Witterung zulässt, zusammen mit ihren Müttern auf den Weiden austoben. Danach werden die Stuten und Fohlen getrennt. Die Stutfohlen kommen zur Aufzucht auf den Fohlenhof bei St. Johann, die Hengstfohlen nach Offenhausen.

Ein Spaziergang über die weitläufigen Koppeln macht selbst Wandermuffeln Spaß und wer aufmerksam ist, kann dabei den Gedenkstein für Julmond entdecken. Der legendäre Trakehnerhengst hat seine guten Charaktereigenschaften auf Generationen von Marbacher Pferden vererbt und hat so dazu beigetragen, dass Kenner heute Württemberger reiten. Julmond hat auch dem Kinderclub des Haupt- und Landgestüts Marbach seinen Namen gegeben.

Bei schlechtem Wetter können die Tiere in den Stallungen besichtigt werden. Auch ein Besuch des Gestütsmuseums in der Klosterkirche von Offenhausen ist lohnenswert.

FUN-FAKTOR
Macht auch Menschen ohne Pferdeverstand glücklich

Die Hengstparade im Herbst

Rund 500 Pferde leben in dem Reiterparadies auf der Schwäbischen Alb.

POMMES MIT KETCHUP: Bei schönem Wetter hat gleich neben dem Haupteingang im Marbacher Gestüt ein Kiosk geöffnet; dort gibt es Pizza, Pasta, Pommes und Currywurst. Auch gibt es in der Nähe mehrere Gestütsgasthöfe, die zum Verweilen einladen.

OFFEN: Das Haupt- und Landgestüt Marbach ist ganzjährig täglich von 8 bis 17 Uhr geöffnet. Das Gestütsmuseum in Offenhausen ist vom 1. Mai bis zum 1. November von Dienstag bis Freitag von 14 bis 17 Uhr. Samstags von 13 bis 17 Uhr und an Sonn- und Feiertagen von 10 bis 12 Uhr sowie von 13 bis 17 Uhr geöffnet.

PREISE: Der Eintritt ins Gestüt ist frei; Führungen gibt es an Sonn- und Feiertagen und in den Ferien um 13 und um 14.30 Uhr oder nach Absprache. Sie kosten für Erwachsene 4 Euro, für Kinder 2,50 Euro. Der Eintritt ins Gestütsmuseum kostet für Erwachsene 1,50 Euro, für Kinder und Jugendliche 1 Euro.

KONTAKT: Haupt- und Landgestüt Marbach, Gestütshof 1, 72532 Gomadingen, Telefon (0 73 85) 96 95-0, Internet: www.gestuet-marbach.de

AUSFLUGSDAUER: Halbtagesausflug.

WEGBESCHREIBUNG: Von Tübingen über Reutlingen, Pfullingen, Lichtenstein, Kohlstetten, Offenhausen, Gomadingen nach Marbach. Besonders schön mit dem historischen Schienenbus „Ulmer Spatz" (siehe Ausflugstipp Nr. 12).

DER BESONDERE TIPP I: In den Ferien gibt es regelmäßig Kutschfahrten durch das Gestüt. Die etwa einstündige Fahrt kostet für Erwachsene fünf und für Kinder 2,50 Euro.

DER BESONDERE TIPP II: Eine besondere Attraktion sind die Hengstparaden, die alljährlich im Herbst stattfinden.

Und unterm Dach wohnen die Teddy-Bären

Im Bauernhausmuseum von Ödenwaldstetten ist die Zeit stehen geblieben

In dem zur Gemeinde Hohenstein gehörenden Dorf Ödenwaldstetten ist mit viel Liebe zum Detail ein Bauernhausmuseum entstanden. Das Hauptgebäude, ein um 1600 erbautes stattliches Bauernhaus, wurde vom Keller bis zur Bühne stilgerecht so eingerichtet, dass hier eine bäuerliche Familie ohne weiteres einziehen und nach alter Art leben und arbeiten könnte. Die Wohnstube lädt zum Vesper nach getaner Arbeit ein, in der Küche steht das Waffeleisen noch auf dem Herd und auch die alte fußbetriebene Nähmaschine sieht aus, als finge ihr Rädchen gleich zu schnurren an.

Etwas ganz besonderes ist die große Teddybären-sammlung im Dachgeschoss des Museums: 200 alte Teddybären warten nur darauf, von großen Kinderaugen

Original Bauern-Wäscheschrank

bestaunt zu werden.

Im Nachbargebäude, einem 1859 erbauten Stall mit Scheuer, sind nicht nur landwirtschaftliche Maschinen und Geräte ausgestellt, hier bekommen die Besucher auch einen Einblick in andere ländliche Berufe. Die Gerätschaften von Handwerkern wie Schmied, Besenbinder, Korbmacher, Wagner, Küfer, Schuhmacher und Weber sind hier zu sehen.

Rund um das Bauernhausmuseum wurde ein historischer Bauerngarten angelegt, in dem neben bunten Blumen längst vergessene Kulturpflanzen, Heil- und Gewürzkräuter gedeihen. Auch ein landwirtschaftliches Schaufeld und eine Baumwiese mit alten Obstsorten gehören zum Museum. Ein besonderer Schwerpunkt ist dem Getreide gewidmet. Im Bauerngarten können neben aktuellen Getreidearten wie Weizen, Roggen, Gerste, Hafer und Dinkel auch alte Sorten wie Einkorn und Emmer angeschaut werden.

POMMES MIT KETCHUP: Im Bauernhausmuseum nicht, aber in unmittelbarer Nähe liegt der Brauerei-Gasthof Lamm. Dort gibt es eine große Portion Pommes mit Ketchup zum Mitnehmen für 2 Euro, im Lokal kosten sie 2,90 Euro.

OFFEN: Mai bis Oktober, Mittwoch, Samstag, Sonntag und an Feiertagen von 14 bis 17 Uhr.

PREISE: Bauernhausmuseum: Erwachsene: 3,50 Euro, Kinder/Schüler (6 bis 18 Jahre): 2 Euro, Familienkarte (Eltern mit Kindern unter 18 Jahren): 8 Euro.

KONTAKT: Bauernhausmuseum, Jahnweg 1, Hohenstein-Ödenwaldstetten, Telefon (0 73 87) 98 70-0, Internet: www.gemeinde-hohenstein.de

AUSFLUGSDAUER: Ein halber Tag, mit Wanderung entsprechend länger.

WEGBESCHREIBUNG: Mit dem Auto über Reutlingen, Pfullingen und Lichtenstein geht es hinauf auf die Alb nach Engstingen. Von dort nach Bernloch und Ödenwaldstetten. Schöner ist die Anreise per Rad-Shuttle und mit dem Ulmer Spatz bis Kohlstetten (siehe Ausflugstipp „Ulmer Spatz", Nr. 12), dann mit dem Rad nach Ödenwaldstetten. In Kohlstetten aussteigen, die Bahnlinie überqueren, dann führt die Wanderstrecke durch das herrlich gelegene Jägertal. Nachdem man auch noch die Landstraße Bernloch überquert hat, geht es durch das Waldgebiet Eichberg bis zur Wanderwegkreuzung. Hier führt ein mit gelben Dreiecken markierter Weg am Boschenhäusle vorbei bis nach Ödenwaldstetten.

DER BESONDERE TIPP I: Der Ausflug ins Bauernhausmuseum lässt sich mit einer schönen Wanderung auf die Ruine Hohenstein verbinden. Vom Museum ist die Ruine in einer dreiviertel Stunde zu erreichen.

DER BESONDERE TIPP II: Einfach mal nachfragen, wann das nächste Museumsfest ist! Da werden auf den beiden Küchenherden bodenständige Gerichte zubereitet und in stilechtem Geschirr serviert, die alten Handwerkskünste wiederbelebt. Es bietet sich ein Abstecher in die kleinste Privatbrauerei Baden-Württembergs an, die befindet sich auch in Ödenwaldstetten und zwar im Brauerei-Gasthof Lamm.

Der Herd in einer alten Bauernküche

Erst zu den Rittern, dann zum Minigolf

Das Wasserschloss Glatt beherbergt gleich vier verschiedene Museen

Die Ortschaft Glatt (bei Sulz am Neckar gelegen) lockt mit einer Superlative: Im Zentrum des geschichtsträchtigen Ort steht eins der frühesten Renaissance-Schlösser Deutschlands. Von 1533 bis 1547 ließ der damalige Besitzer, Reinhard von Neuneck, das spätmittelalterliche Wasserschloss im

ernmuseum, das Einblicke in den ländlichen Dorfalltag vor Jahrhunderten gibt, das Schlossmuseum, in dem die Geschichte der Herrschaft Glatt und des Schlosses dokumentiert ist, ein Adelsmuseum mit Exponaten aus dem Mittelalter und der Frühen Neuzeit mitsamt einer großen Waffen- und Rüstkammer, die die Herzen eines jeden Möchte-Gern-Ritters höher schlagen lässt sowie das Kunstmuseum (eher was für Große).

Nach dem lehrreichen und interessanten „Museumsparcours" kann man entweder im Cafe im Schlosshof einen Eisbecher schlecken, oder im wunderschönen Schlossgarten, der sich entlang des gleichnamigen Flüsschens „Glatt" erstreckt, die Seele baumeln lassen.

Für Kinder wurde im Sommer 2006 ein neuer Spielplatz im Park errichtet. Neben einer Kletterwand und einer Seilbahn für die größeren Kinder gibt es Schaukeln, ein Boot und Wipptiere. Ebenfalls im Schlossgarten befindet sich eine Minigolfanlage. Am Kiosk kann man auch Getränke und Steckerl-Eis kaufen.

Das Adelsmuseum im Inneren des Schlosses

Stil der Renaissance umgestalten. Das pittoreske Gebäude wurde in den 1980er und 1990er Jahren von Grund auf saniert und später für Museumszwecke ausgebaut.

Es beherbergt derzeit vier interessante Museen: das Bau-

Eins der frühesten Renaissance-Schlösser Deutschlands: das Wasserschloss Glatt

POMMES MIT KETCHUP: Die Schlossgaststätte ist ein Café. Pommes gibt es daher keine, aber in der Nähe des Schlosses finden sich drei Lokale, die auch Pommes anbieten: die Hotel/Restaurants „Kaiser", „Zur Freystatt" und „Züfle."

OFFEN: Wasserschloss: 1. April bis 31. Oktober, Dienstag bis Freitag von 14 bis 17 Uhr, Samstag/Sonntag 11 bis 18 Uhr; 1. November bis 31. März: Samstag / Sonntag von 14 bis 17 Uhr. Minigolfanlage: Mitte April bis zum Ende der Herbstferien bei trockener Witterung täglich von 11 Uhr bis zum Einbruch der Dunkelheit

PREISE: Wasserschloss: Erwachsene: 3,50 Euro, Kinder und Jugendliche: frei, Minigolfanlage: Erwachsene: 3 Euro, Schüler 1,50 Euro

KONTAKT: Kultur- und Museumszentrum Schloss Glatt, Schloss 1, 72172 Sulz am Neckar-Glatt, Telefon (0 74 82) 80 77 14 oder 73 45 oder 235, E-Mail stadtverwaltung@sulz.de, Internet: www.schloss-glatt.de

AUSFLUGSDAUER: Halbtagesausflug. Glatt ist von Tübingen aus in etwa 45 Auto-Minuten zu erreichen.

WEGBESCHREIBUNG: Von Tübingen über Herrenberg oder Rottenburg auf die A 81 Richtung Singen fahren, Ausfahrt Sulz, dann durch Sulz nach Glatt. Der Weg zum Schloss ist ausgeschildert.

DER BESONDERE TIPP I: Im Sommer lässt sich der Ausflug mit einem Besuch im Sole-Freizeitbad „Susolei" verbinden (mit 58-Meter-Rutsche für Kinder und Massagebecken für Mamas und Papas). Es liegt am Stadtrand von Sulz und ist von Mitte Mai bis Mitte September geöffnet.

DER BESONDERE TIPP II: Für Ritterfans ein Muss: ein Besuch der imposanten Ruine Albeck. Die Anfahrt zum Parkplatz unterhalb der Ruine ist ausgeschildert. Der Aufstieg dauert etwa 15 Minuten, ist daher auch für kleinere Kinder zu schaffen und lohnt sich! Denn die Burg Albeck zählt zu den schönsten Burgruinen des Schwarzwaldes.

Zeitreise ins Mittelalter

Lebenswelt der Ritter hautnah erleben auf der Bachritterburg in Kanzach

FUN-FAKTOR
Von wegen
Zinnen und
Türmchen! Die
Mittelalter-Burg
glich eher einem
Western-Fort.

Fast alle Kinder schwärmen irgendwann zumindest eine Zeit lang für die Lebenswelt des Mittelalters. Während die Jungs gern in die Rolle des tapferen Ritters schlüpfen, können sich Mädchen vor allem für die farbenfrohe Aufmachung der Burgfräuleins und Prinzessinnen begeistern.

Im Gegensatz zu den ungezählten Burgen und Ruinen in der Region erlaubt die Bachritterburg in Kanzach bei Biberach den Besuchern eine tatsächliche Zeitreise ins frühe 14. Jahrhundert. Und so mancher, der sich unter einer mittelalterlichen Burg eine massive steinerne Festung mit Zinnen und Türmchen, mit Zugbrücken und Pechnasen vorgestellt hat, wird bereits auf dem Parkplatz eines Besseren belehrt.

Die Bachritterburg wirkt auf den ersten Blick eher wie ein Western-Fort. Der Wohnturm ist nur bis zum ersten Stock gemauert und weiß getüncht. Der Aufbau ist aus Fachwerk, das Dach mit Holzschindeln gedeckt. Die Verteidigungsanlagen bestehen aus zwei Gräben und mit Palisaden bewehrten Wällen. Und so sahen die meisten mittelalterlichen Burgen tatsächlich aus!

Denn die Bachritterburg ist eine in Europa bislang einzigartige idealtypische Rekonstruktion einer Niederadelsburg. Auch die Einrichtungsgegenstände, Möbel und Kleider wurden der Zeit nachempfunden und dürfen – anders als in vielen Museen – von den Kindern auch angefasst und anprobiert werden.

So liegen im Schlafgemach des Ritters ein Kettenhemd, Helm, Schild und Schwert bereit – ebenfalls Nachbildungen echter Waffen dieser Zeit. Auch sie führen uns vor Augen, dass die funkelnden Rüstungen, die wir gewöhnlich mit dem mittelalterlichem Ritter verbinden, bestenfalls dem ausgehenden Mittelalter oder der frühen Neuzeit zuzurechnen sind.

Von höfischem Prunk ist im Wohnturm übrigens auch nichts zu sehen. Der gewöhnliche Adlige des Mittelalters lebte eher bäuerlich. Neben dem Wohnturm gibt es noch den Burghof mit Ziehbrunnen, die Wirtschaftsgebäude, Ställe und eine Schmiede zu besichtigen. Außerhalb der Burganlage befindet sich ein schöner Spielplatz mit Grillstelle.

POMMES MIT KETCHUP: In der Burgschänke für 2,50 Euro. Zum selben Preis gibt es aber auch Spätzle mit Soß`. Unter der Woche werden dort außerdem täglich selbst bebackene Kuchen angeboten sowie verschiedene Vespern. Am Wochenende gibt es Mittagstisch, wobei der Schwerpunkt bei Schwäbischen Spezialitäten liegt.

OFFEN: Vom 1. April bis 1. November: täglich 10 bis 18 Uhr. Von November bis März: nur sonntags 10 bis 16 Uhr.

PREISE: Einzelbesucher 4 Euro, ermäßigt sowie Gruppen 3 Euro, Familien 9 Euro.

KONTAKT: Bachritterburg Kanzach, Riedlingerstr. 6-8, 88422 Kanzach, Telefon (0 75 82) 82 86 oder 93 04 40, E-Mail: info@bachritterburg.de, Internet: www.bachritterburg.de

AUSFLUGSDAUER: Bei einer Anfahrt von 1,5 bis 2 Stunden sollte für diesen Ausflug ein Tag eingeplant werden.

WEGBESCHREIBUNG: Kanzach liegt etwa 10 Kilometer westlich von Biberach a.d. Riß. Mit dem Auto fährt man am besten über Reutlingen, Pfullingen, Lichtenstein auf der B312 über die Zwiefalter Alb bis nach Riedlingen. Kurz hinter Riedlingen rechts abbiegen nach

Nachbildung einer echten Burg-Küche

Dürmentingen/Bad Buchau. Die Bachritterburg liegt direkt neben der Straße kurz nach dem Ortseingang von Kanzach.

DER BESONDERE TIPP: Individuelle Arrangements für private oder geschäftliche Feiern sind möglich: So kann man einen Kindergeburtstag oder den Konfirmationsausflug zu einem unvergesslichen Erlebnis machen, indem man auf der Bachritterburg zu Burgführung, Bogenschießen oder Löffelschnitzen einlädt. Gevespert wird dann „im Schatten" der Burganlage auf dem Spiel- und Rastplatz. Dort gibt es auch zwei Grillstellen. Regelmäßig kommen auch renommierte mittelalterliche Living-History-Gruppen und Handwerker auf die Bachritterburg sowie zweimal pro Saison ein Falkner. Termine für die Burgbelebung siehe Homepage.

Kein Western-Fort, sondern die Gesamtanlage der Bachritterburg

Knusper, knusper, Knäuschen

Zu Besuch bei Hexen, Räubern und Prinzessinnen im Blühenden Barock in Ludwigsburg

FUN-FAKTOR
Ein nicht ganz billiges aber einfach märchenhaftes Vergnügen

Rapunzel, Rapunzel, lass dein Haar herunter....

Wer kennt es nicht, das schöne Barockschloss in Ludwigsburg und den zauberhaften Märchengarten, der sich in dem blühenden Park verbirgt? Für Kinder ist der Besuch bei Hänsel, Gretel und Co. immer wieder ein Vergnügen und für viele Eltern und Großeltern eine willkommene Gelegenheit, in Erinnerungen zu schwelgen. Denn obwohl sich der Märchengarten im Laufe der Jahrzehnte stark verändert hat, sind doch die Stars von damals alle noch vorhanden: „Papier, Papier", schreit der nimmersatte Steindrache, Rapunzel wird nicht müde, auf Zuruf ihren Zopf herunterzulassen, und keiner weiß, wie viele Schuhe die Prinzessinnen bereits zertanzt haben. Hinzugekommen sind zahlreiche Attraktionen, freilich ohne dem Märchenwald, der sich auf etwa ein Drittel des Geländes des Blühenden Barockes erstreckt, den Charme des Verwunschenen zu nehmen.

Mittlerweile bevölkern Figuren aus insgesamt 40 Märchen den Park: Von den Grimmschen Klassikern bis hin zu Pinocchio, dessen Abenteuer im Wal-Schlund man bei einer Bootsfahrt auf dem Märchenbach (kostet leider extra) hautnah miterleben kann. Liebevoll wurden die Märchen in Szene gesetzt, an vielen Stationen können die Besucher das Geschehen aktiv mit gestalten. Dass dabei die Kleinen im Vorteil sind und die Großen bisweilen buchstäblich nass gemacht werden, macht den besonderen Reiz des Märchengartens aus. Ein Streichelgehege und ein Wasserspielplatz lassen den Spaziergang durch die Märchenlandschaft auch für die Allerkleinsten zum Erlebnis werden.

POMMES MIT KETCHUP: Gibt es im Märchengarten an einem Imbiss-Stand für 2,40 Euro.

OFFEN: Mitte März bis Anfang November (Ende der Herbstferien).

PREISE: Erwachsene: 7,50 Euro, Kinder (4 bis 15 Jahre) sowie Schüler und Studenten (mit Ausweis): 3,60 Euro, Familienkarte 1: Ein Elternteil mit eigenen Kindern (4 bis 15 Jahre): 13,50 Euro, Familienkarte 2: Beide Eltern mit eigenen Kindern (4 bis 15 Jahre): 20 Euro. Die Bootsfahrt durchs Märchenland kostet extra und zwar: Eine Fahrt für Kinder 1,20 Euro (drei Fahrten 3 Euro) und für Erwachsene 1,60 Euro (drei Fahrten 4,30 Euro).

KONTAKT: Blühendes Barock, Mömpelgardstr. 28, 71640 Ludwigsburg, Telefon (0 71 41) 9 75 65-0, Internet: www.blueba. de, E-Mail: info@blueba.de

AUSFLUGSDAUER: Tagesausflug.

WEGBESCHREIBUNG: Von Tübingen auf der B 27 Richtung Stuttgart, Autobahn A 8 Richtung Karlsruhe, am Autobahndreieck Leonberg auf die A 81 Richtung Heilbronn bis zur Ausfahrt Ludwigsburg Süd, Richtung Ludwigsburg Stadtmitte, dann der Beschilderung zum Schloss folgen.

Goliath über dem Eingangstor

DER BESONDERE TIPP I:
Natürlich ist auch das Barockschloss selbst eine Besichtigung wert. Familien mit kleineren Kindern sollten es jedoch beim Besuch der Märchenkönige und Prinzessinnen bewenden lassen, oder sich aufteilen und den Nachmittag getrennte Wege gehen.

DER BESONDERE TIPP II:
Für Teenager, die sich weder für Märchen- noch für echte Schlösser interessieren, wäre vielleicht ein Besuch hinter Schloss und Riegel eine Alternative. In unmittelbarer Nähe des Blühenden Barocks liegt das Strafvollzugsmuseum Ludwigsburg. Etwa eine Stunde sollte man für die Ausstellung einkalkulieren, Führungen gibt es nach Vereinbarung (Telefon (0 71 41) 18-6265, E-Mail: strafvollzugsmuseum@ freenet.de). Die Öffnungszeiten des Strafvollzugsmuseums sind Dienstag bis Freitag von 9 bis 12 Uhr und von 14 bis 16 Uhr sowie sonntags von 14 bis 18 Uhr, der Eintritt ist frei.

Die Hexe von Hänsel und Gretel

Das Barockschloss.

Wo die Bilder laufen lernen

Im Kinderfilmhaus in Ludwigsburg erfährt man alles über die Filmproduktion

Dass ein Weihnachtskalender 24 Türchen hat, weiß jedes Kind. Aber wie viele Bilder sind wohl nötig, um einer Film-Sekunde Leben einzuhauchen? Wie und warum laufen die Bilder überhaupt? Und warum finden sich selbst in den besten Zeichentrickfilmen immer wieder kleine Fehler? Das alles und noch viel mehr erfährt man auf ebenso anschauliche wie vergnügliche Weise bei einem Besuch im Kinderfilmhaus in Ludwigsburg.

Bei der Trickfilmführung

FUN-FAKTOR
Für alle, die schon immer einmal vor oder hinter einer Kamera stehen wollten, ein absolutes Muss

Das Kinderfilmhaus, das sein Domizil in einem reizvollen alten Stadttorhäuschen am Rande des Salonwalds hat, ist aus einem Studienprojekt der Filmakademie Baden-Württemberg (mit Sitz in Ludwigsburg) hervorgegangen. Betrieben wird das Haus von den Studierenden selbst. Sie bieten zwei jeweils rund 90-minütige Führungen an, eine Trickfilm- und eine Realfilmführung, die sie mit

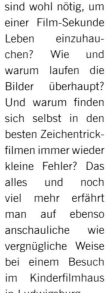

eigenen Film-Beispielen reichlich untermalen.

Für Familien mit jüngeren Kindern (ab sechs Jahren) besonders geeignet (und für ältere Kinder und Erwachsene dennoch interessant) ist die Trickfilmführung. Sie erklärt, wie die beliebten Zeichen-, Puppen- und Computertrickfilme hergestellt werden. Was mit dem Daumenkino beginnt, hört mit dem Blick hinter die Kulissen nicht auf. Von der Idee (dem Plot) bis zur Beleuchtung werden alle wichtigen Stationen der Filmproduktion durchlaufen und nicht nur die Kleinen staunen wie viele einzelne Schritte notwendig sind, bis „Bätmän" endlich lebt.

Dass die Gäste von den Filmemachern selbst durch das liebevoll mit Requisiten ausgestattete Kinderfilmhaus geführt werden, macht den besonderen Reiz aus. Fragen ist nicht nur erlaubt, sondern erwünscht und am Ende dürfen die Besucher/innen sogar einen eigenen kleinen Trickfilm drehen. Und spätestens hier wird jedem klar, was der Weihnachtskalender mit der Filmproduktion gemeinsam hat.

Als die Bilder laufen lernten: Die Trickfilmführung.

POMMES MIT KETCHUP: Im Foyer des Kinderfilmhauses gibt es Getränke, Eis und kleinere Snacks. Pommes gibt es auf dem Gelände der Filmakademie (Mathildenstraße 20) im „Blauen Engel" (fußläufig erreichbar, die Studenten weisen gerne den Weg). Wer Glück hat, trifft auf Schauspieler, die gerade dort einen Film drehen.

OFFEN: Samstags und sonntags von 12.30 bis 17 Uhr. Sammelführungen: 13 Uhr Trickfilm, 17 Uhr Realfilm. Der Besuch sollte bis spätestens Mittwoch vor dem folgenden Wochenende per E-Mail oder Info-Telefon angekündigt werden. Exklusive Führungen (nach Voranmeldung): 11 Uhr und 15 Uhr Trick- oder Realfilm. Weihnachten und Neujahr geschlossen.

PREISE: Erwachsene: 5 Euro, Kinder: 4 Euro (Kinder unter sechs Jahren, die ihre Geschwister begleiten, kosten nichts), Exklusiv-Führungen: pauschal 75 Euro für maximal 20 Personen.

KONTAKT: Kinderfilmhaus Ludwigsburg im Aldinger Torhaus, Robert-Franck-Allee 52, 71638 Ludwigsburg, Telefon (0 71 41) 6 48 12 20, E-Mail: kinderfilmhaus@filmakademie.de, Internet: www.kinderfilmhaus-ludwigsburg.de.

AUSFLUGSDAUER: Ein halber Tag. In der schönen Barockstadt kann man sich aber auch locker länger aufhalten.

WEGBESCHREIBUNG: Von Stuttgart über die A 81 kommend: Autobahnausfahrt Ludwigsburg-Süd, bis zur Kreuzung Friedrichstraße/Stuttgarter Straße, rechts auf die B 27, anschließend links in die Robert-Frank-Allee einbiegen, Richtung Grünbühl.
Von Stuttgart über die B 27 kommend: B 27 Richtung Ludwigsburg, kurz nach dem Ortseingang an der zweiten Ampel rechts in die Robert-Franck-Allee einbiegen. Am Ende der Robert-Franck-Allee liegt das Kinderfilmhaus rechts direkt am Salonwald.

DER BESONDERE TIPP: Für Jugendliche spannend ist die Realfilmführung. Sie gibt Einblicke in die verschiedenen Berufsfelder von Film und Fernsehen, die an der Filmakademie studiert werden können. Im Mittelpunkt stehen hier Drehbuch, Werbung, Wirtschafts- und Wissenschaftsfilm sowie Filmmusik und Sounddesign.

ACHTUNG
Im Kinderfilmhaus geht es recht beengt zu. Da es keinen Aufzug hat, ist der Besuch für Rolli-Fahrer leider nicht empfehlenswert.

Jubel für die Kamera.

Indianergeheul auf der Schwäbischen Alb

Auf dem Abenteuerspielplatz am Roßberg wird es so schnell nicht langweilig

FUN-FAKTOR
Während die Kids toben, können die Eltern die Seele baumeln lassen

Das Freizeitgelände auf dem Roßberg zwischen Albstadt und Bitz gehört zu jenen Abenteuerspielplätzen auf der Schwäbischen Alb, wo es Kindern - ob groß oder klein - so schnell nicht langweilig wird. Das Gelände ist weitläufig und bietet eine Vielzahl von Gelegenheiten zum Spielen und Toben. Vor allem kleine Möchtegern-Cowboys und Indianer dürften sich dort wohlfühlen.

Es gibt Indianer-Tipis, die sich um einen Lagerplatz mit Feuerstelle gruppieren, einen Planwagen mit hölzernen Rössern, einen Ochsenkarren sowie

Das Spielplatz-Gelände am Waldesrand

verschiedene Geräte zum Klettern, Schaukeln, Rutschen und Wippen. Und an Spielkameraden wird es den Kindern vor allem am Wochenende sicher nicht fehlen! Für kleine Tiernarren gibt es einen Streichelzoo mit Ziegen, Schafen, Schweinen, Hasen und Meerschweinchen. Am Wochenende können die Kinder sogar gegen eine geringe Gebühr auf Pferden reiten. Der Erlös wird für das Futter der Tiere verwendet.

„Und was ist mit uns?", werden Sie als Eltern sich vielleicht fragen. Nehmen Sie sich ein Picknick oder was zum Grillen mit! Plätze und Gelegenheiten dazu sind genügend vorhanden. Lesen Sie ein Buch oder die Zeitung und freuen Sie sich, dass Ihre Kinder beschäftigt sind. Von der Terrasse des Freizeitheims können Sie das gesamte Gelände überblicken und können so ganz in Ruhe ein Stück selbstgemachten Kuchen, ein Vesper oder ein kühles Bier genießen. Für kleine Kinder gibt es übrigens ganz in der Nähe der Terrasse einen Sandkasten (Eimer und Schaufel nicht vergessen!).

POMMES MIT KETCHUP: Gibt es gelegentlich – je nachdem welche Tagesessen die ehrenamtlichen Mitarbeiter des Freizeitheims vorbereitet haben. Es gibt außerdem kalte und warme Getränke, selbstgebackenen Kuchen und Eis.

OFFEN: Der Spielplatz ist ganzjährig und jederzeit zugänglich. Das Freizeitheim hat aber nur an den Wochenenden geöffnet, und zwar Samstag 14 bis 18 Uhr und Sonntag 11 bis 18 Uhr, von Mai bis November außerdem am Mittwoch 14 bis 18 Uhr.

PREISE: Eintritt frei.

KONTAKT: Roßberg Freizeitverein e.V., Telefon (0 74 31) 51 110, oder 72 544 (Vorsitzender Herr Jeschunek) E-Mail: guenterjeschonek@ t-online.de, Internet: www.rossberg-freizeitverein.de

AUSFLUGSDAUER: Halb- bis ganztägig (siehe Der besondere Tipp).

WEGBESCHREIBUNG: Von Tübingen aus auf der B 27 Richtung Balingen und weiter nach Albstadt. Im dortigen Stadtteil Ebingen geht es links ab und weiter auf der Bitzer Steige Richtung Gammertingen. Nach etwa fünf Kilometern rechts ab der Beschilderung entlang bis zum Parkplatz vor dem Freizeitgelände. Bis zum Spielplatz sind es etwa fünf Minuten Fußweg.

DER BESONDERE TIPP: Ein Besuch auf dem Roßberg lässt sich wunderbar mit einer schönen Rundwanderung verbinden. Ausgangspunkt ist der Parkplatz „Setze" an der L448 östlich von Ebingen gegenüber vom Hotel „Zum süßen Grund" (Schönes Gasthaus mit sehr guter Küche und großem Spielplatz, Telefon (0 74 31) 13 660). Überqueren sie die L448 und folgen sie dem Schotterweg, der mit einer roten Raute markiert ist. Der

Ziegen vom Streichelzoo

Weg geht später in einen Pfad über, der zum Aussichtspavillon „Schleicherhütte" führt. Gehen Sie danach auf dem unteren Weg weiter bis zum „Mühlefelsen". Dort biegen Sie dann nach links zur Fohlenweide ab. Hier kann man beobachten, wie junge Tiere auf der Wiese herumtollen – vor allem für pferdenärrische Mädchen ein tolles Erlebnis! Von der Fohlenweide aus folgen Sie dann der Straße bis an die Kreuzung und laufen auf der anderen Seite den Weg zwischen Wiesen hinauf zum Abenteuerspielplatz am Roßberg. Von dort aus führt ein Weg am Waldrand entlang zu einem Parkplatz. Folgen Sie der Straße und biegen Sie nach etwa 300 Metern in den Konstanzer-Rain-Weg ab. Dieser führt Sie wieder zurück zum Parkplatz „Setze". Diese Rundwanderung ist drei Kilometer lang. Mit Kindern läuft man etwa eine Stunde.

Eins der vielen Spielgeräte: die Holz-Eisenbahn

Ich glaub', mich knutscht ein Kamel ...

In Rotfelden erfahren Kinder alles, was sie schon immer über Wüstenschiffe wissen wollten

FUN-FAKTOR
Safari und Kamel-Kuscheln in einem

Sie finden, dass Ihre Mieze eine Schmusekatze ist und Ihr Hund nicht genug Streicheleinheiten bekommen kann? Dann sind Sie noch nicht auf dem Kamelhof in Rotfelden gewesen. Wir haben zumindest zuvor noch nicht mit Tieren zu tun gehabt, die so verschmust sind wie Dro-

Kamele streicheln ist erlaubt.

medar und Trampeltier. Unablässig wollten die faszinierenden Tiere mit den großen schwarzen Augen und den langen Wimpern von uns gestreichelt, gekrault, gebürstet und geknuddelt werden und bedankten sich für die Aufmerksamkeit mit drolligen, grunzend-grölenden Lauten.

Mittlerweile leben knapp 90 Kamele auf dem modernen Bauernhof im Nordschwarzwald. Da gibt es für die Kinder buchstäblich alle Hände voll zu tun. Sie dürfen striegeln und streicheln, zusehen, wie ein Kamelbaby die Flasche bekommt, oder beobachten, wie mühsam es ist, einen Liter Kamelmilch zu melken. Bei gutem Wetter können große und kleine Besucher des Kamelhofes auch reiten - auf einem Dromedar auf der Koppel.

„Kinder lieben Kamele und Kamele lieben Kinder", ist der Eigentümer des Kamelhofes Wilhelm Breitling überzeugt. Und Herr Breitling liebt sie wohl beide: Kamele und Kinder. Er hat den hallenartigen Stall und das große Außengelände nicht nur phantasievoll im Stil von Tausend-und-einer-Nacht dekoriert, sondern auch eine riesige Strohballenburg eingerichtet - mit Tunnels und „unterirdischen" Höhlen, wo die jungen Gäste sich nach Herzenslust austoben können. Lob verdient auch der kindgerechte Diavortrag über Kamele, der lustig und lehrreich ist.

Den Kamelen das Stroh reichen ist auch erlaubt.

POMMES MIT KETCHUP:
Am Kiosk gibt es Eis und Getränke, in den Schulferien auch Rote und Pommes.

OFFEN: Ganzjährig, Mittwoch bis Sonntag und an Feiertagen: von 13 bis 17 Uhr (Der Aufenthalt auf dem Kamelhof ist bis 18.30 Uhr möglich) Montag: Ruhetag, Dienstag: Behinderten-, Kindergarten- u. Krabbelgruppen nach Anmeldung. Während der Schulferien in Baden-Württemberg ist der Kamelhof täglich, also auch montags und dienstags, geöffnet.

PREISE: Erwachsene 5 Euro, Kinder (ab vier Jahren) 1,50 Euro, Familien 12 Euro.

KONTAKT: Kamelhof Rotfelden, Kamelweg 1, 72224 Ebhausen-Rotfelden, Telefon (0 70 54) 81 25, E-Mail: info@kamelhof.de, Internet: www.kamelhof.de

AUSFLUGSDAUER: Halbtagesausflug, der Kamelhof ist von Tübingen aus in 45 Minuten zu erreichen.

WEGBESCHREIBUNG: Mit dem Pkw: Von der Autobahn Stuttgart – Singen auf der B 28 an Nagold vorbei durch Rohrdorf. Kurz hinter dem Ortseinfahrtsschild „Ebhausen" verlassen Sie die B 28 nach rechts Richtung Mindersbach. Sie fahren jetzt durch den „Oberen Ort" von Ebhausen. Auf der Höhe kurz vor Mindersbach stoßen Sie in spitzem Winkel auf die Kreisstraße K 4338. Hier biegen Sie scharf links ab Richtung Wart. Etwa 100 m hinter den Gebäuden der Rotfelder Ziegelhütte finden Sie die Einfahrt zum Kamelhof.
Mit ÖPNV: Während der Woche gibt es mehrmals täglich direkte Busverbindungen zwischen Nagold (Busbahnhof) bzw. Wildberg (Bhf.) und dem Kamelhof.

DER BESONDERE TIPP:
Nach Voranmeldung kann man in Rotfelden auch geführte Ausritte auf Kamelen durch die idyllische Wald- und Wiesenlandschaft des Nordschwarzwaldes machen. Ohne Fotostopps oder sonstige Unterbrechungen dauern die Ausritte circa 60 Minuten. Der Reiter darf nicht schwerer als 90 kg sein. Wenn zwei Personen auf einem Kamel reiten, darf das Gesamtgewicht 110 kg nicht übersteigen. Ein Ausritt kostet 25 Euro pro Person. In diesem Preis ist für den Reiter der Eintritt in den Kamelhof enthalten.

Nur drei Euro pro Person kostet der Ritt auf dem Kamel.

Giganten der Lüfte

Technik und Kultur im Zeppelinmuseum in Friedrichshafen

Ein Museum, eine Eintrittskarte – zwei Ausstellungen: Im Zeppelin-Museum in Friedrichshafen, das im ehemaligen Hafenbahnhof direkt am Ufer des Bodensees untergebracht ist, kommen sowohl Technikfreaks als auch Kunstliebhaber auf ihre Kosten. Die Zeppelin-Sammlung beherbergt auf 4000 Quadratmetern die weltweit größte Sammlung zur Geschichte und Technik der Luftschiff-Fahrt, die Kunstsammlung im oberen Stockwerk des ehemaligen Hafenbahnhofs zeigt Werke vom Mittelalter bis zur Gegenwart (unter anderem zahlreiche Arbeiten von Otto Dix und Max Ackermann).

Für Erstbesucher bieten freilich die Zeppeline Anschauungsmaterial genug. Die „Giganten der Lüfte" werden in sechs Abteilungen vorgestellt – von den Anfängen der Luftschiff-Fahrt bis zur Katastrophe in Lakehurst. Originalexponate, Modelle, Fotos und Filme geben einen Einblick in ein spannendes Kapitel deutscher Industriegeschichte. Der Luftschiffbau, die physikalischen Grundlagen sind ebenso Thema der Ausstellung wie die Geschichte der zivilen und militärischen Nutzung der Zeppeline. Auch das Leben des Namensgebers Ferdinand Graf von Zeppelin kommt nicht zu kurz, dessen Luftschiffe den Ausgangspunkt für die Entstehung ganzer Industriezweige bildeten.

Die Hauptattraktion aber ist eine begehbare Rekonstruktion eines 33 Meter langen Teils des legendären Luftschiffes LZ 129 „Hindenburg". Über ein Fallreep gelangt man an Bord, um sodann durch die authentisch eingerichteten Passagierräume zu schlendern, die Schlafkabinen zu besichtigen und nebenbei jede Menge faszinierender technischer Details zu erfahren, beispielsweise kann man das Gerippe des Luftschiffes bestaunen.

Und wer großes Glück hat, sieht bei seinem Ausflug ein echtes Luftschiff – den Zeppelin NT – über dem Bodensee schweben, denn die Luftschiff-Fahrten erfreuen sich großer Beliebtheit.

Begehbarer Zeppelin in Original-Größe in der großen Halle

POMMES MIT KETCHUP: Im Sommer im Biergarten nebenan. Im Museum gibt es ein Restaurant, ansonsten sind Gaststätten nicht weit.

OFFEN: November bis April: Dienstag bis Sonntag von 10 bis 17 Uhr, Mai bis Oktober: Dienstag bis Sonntag von 9 bis 17 Uhr. Juli, August, September ist das Museum zusätzlich auch montags geöffnet.

PREISE: Zeppelin-Museum inklusive Kunstsammlung: Erwachsene: 7,50 Euro, Kinder von 6 bis 16 Jahren, Schüler und Studenten: 3 Euro, Familienkarte (nur in Begleitung von Kindern bis 16 Jahren): 15 Euro.

KONTAKT: Zeppelin Museum, Seestraße 22, 88045 Friedrichshafen, Telefon (0 75 41) 3 80 10, Internet: www.zeppelin-museum.de.

AUSFLUGSDAUER: Ganztagesausflug.

WEGBESCHREIBUNG: Von Tübingen über Rottenburg auf die Autobahn A 81 Richtung Singen, am Autobahnkreuz Hegau Richtung Stockach, weiter über Überlingen, Meersburg nach Friedrichshafen, dort der Beschilderung zum Museum folgen.

DER BESONDERE TIPP: Für 7,50 Euro gibt es die Familien-Box mit Hintergrundinformationen und Bastelmaterialien. Ausgewählte Ausstellungsstücke sind mit einer kleinen Aufgabe oder Geschichte verbunden und erleichtern so den Zugang zu der Ausstellung.

HANDICAP
Die Ausstellungsräume sind behindertengerecht. Mit dem Aufzug können Rollstuhlfahrer/innen auch die beiden Obergeschosse bequem erreichen. Auf Anfrage gibt es Führungen für gehörlose und blinde Menschen.

Wellness mit Kindern

Wo man an einem Regentag gut Baden gehen kann

Wenn es am Sonntagmorgen draußen Bindfäden regnet, dann kommt der Vorschlag „Baden zu gehen" bei den Kindern oft gut an. Doch wo bleibt der Erholungsfaktor für die gestressten Eltern? Wellness mit Kindern, geht das überhaupt? Wir haben einige Spaß- und Thermalbäder der näheren und weiteren Umgebung auf ihre Familientauglichkeit untersucht. Wer Pommes mit Ketchup sucht, wird in allen unseren „Bade-Paradiesen" fündig, die meisten bieten gastronomisch sogar noch einiges mehr.

1   Badkap in Albstadt S. 55

5   Panorama-Bad in Freudenstadt S. 59

2   Panorama Therme in Beuren S. 56

6   Aquatoll in Neckarsulm S. 60

3   Albtherme in Bad Urach S. 57

7   Bodenseetherme Überlingen S. 61

4   Fildorado in Filderstadt S. 58

 für die Kleinen   für die Großen   Ganztagesausflug

Badkap in Albstadt

Das bei Albstadt am Rande der Schwäbischen Alb gelegene Badkap ist eines der älteren Hallenbäder, das das Prädikat Erlebnisbad verdient hat und braucht auch heute den Vergleich mit neueren Bädern nicht zu scheuen. Das Hallenbad verfügt über ein großes Wellenbecken, das auch zum Schwimmen geeignet ist. Wer nicht in die großzügige Saunalandschaft kann und trotzdem etwas schwitzen möchte, kann eine kleine Dampfgrotte nutzen.

Ein künstlicher Bach führt vorbei an einem Strudelfelsen hinaus ins Freie, wo Massagedüsen auf die Besucher warten. Im Sommer können die Badegäste ins Freibad mit verschiedenen Becken, Sprungtürmen und einer weitläufigen Liegewiese.

Bei Kindern beliebt ist das Bad aber vor allem wegen seiner Rutschen: Eine geschlossene 87 Meter lange Röhrenrutsche verspricht ein ungefährliches Vergnügen auch für die kleineren Besucher. Etwas Vorsicht geboten ist hingegen bei der Wildwasserrutsche. Dort geht die Fahrt so rasant bergab, dass kleine Schürfwunden keine Seltenheit sind. Das Mindestalter von 12 Jahren für die Benutzer hat also durchaus seine Berechtigung.

An Ferientagen und an Wochenenden ist im Badkap erfahrungsgemäß viel los. Dann wird der Erholungsfaktor durch die überfüllten Liegeflächen und eine hohe Geräuschkulisse beeinträchtigt.

OFFEN: Mo., Mi., Fr., Sa., So., von 9 bis 21 Uhr. Di. und Do. 9 bis 22 Uhr. Die Röhrenrutsche und der Wildwasserfluss dürfen nur von sicheren Schwimmern benutzt werden. Das Mindestalter für die Nutzer der Röhrenrutsche ist 6 Jahre, für den Wildwasserfluss 12 Jahre. Die Betriebszeit der Rutschen ist jeweils von 9 Uhr bis zum Eintritt der Dunkelheit. Der Freibereich im Badkap ist von Mitte Mai bis Mitte September geöffnet.

PREISE: Erwachsene: wochentags 8,50 Euro, sonn- und feiertags 9,50 Euro. Kinder, Schüler und Studenten: wochentags 5,50 Euro, sonn- und feiertags 6 Euro. Inhaber eines Landesfamilienpasses erhalten 20 Prozent Nachlass.

KONTAKT: Badkap, Albstadt-Ebingen, Beibruck 1, 72458 Albstadt, Telefon (0 74 31) 16 01 93 0, Internet: www.badkap. de.

AUSFLUGSDAUER: Fahrt von Tübingen aus etwas mehr als eine halbe Stunde.

WEGBESCHREIBUNG: Tübingen, Balingen, Albstadt, der Beschilderung folgen.

DER BESONDERE TIPP: Geburtstagskinder haben auf Nachweis freien Eintritt.

Panorama Therme in Beuren

Landschaftlich sehr schön gelegen ist die Panorama Therme in Beuren. Kinder unter sechs Jahren haben in dem Heilbad keinen Zutritt und auch mit etwas älteren Kindern ist der Besuch nicht unbedingt empfehlenswert, da das Bad großen Wert auf Ruhe legt. Kinder, die einen Badebesuch nicht unbedingt mit Rutschen und Herumtollen verbinden, werden jedoch in dem Thermalbad mit seiner vielfältigen Beckenlandschaft (unterschiedlich temperierte Thermalwasser- und ein Kaltwasserbecken) und seinen verschiedenen Attraktionen im Freien (vom Sprudeltopf bis zum Wildwasserkanal) ihre Freude haben. Darüber hinaus bietet die Panorama Therme auch Besuchern, die nicht in die Sauna gehen, reichhaltige Möglichkeiten, ins Schwitzen zu kommen. In der optisch einer Höhle der Schwäbischen Alb nachempfundenen „Thermengrotte" befinden sich auf einer Gesamtfläche von 520 Quadratmetern Dampfbäder, ein Wärme- und ein Salzstollen sowie eine Wassererlebnisgrotte, in der das Duschen selbst für den wasserscheuen Nachwuchs zum Vergnügen wird.

OFFEN: Die Panorama Therme Beuren und Panorama Sauna hat ganzjährig, auch an Feiertagen geöffnet. Sonntags bis donnerstags 8 bis 22 Uhr, Freitag und Samstag 8 bis 23 Uhr.

PREISE: 2,5 Stunden: 8 Euro, keine Ermäßigung für Kinder.

KONTAKT: Panorama Therme Beuren, Am Thermalbad 5, 72660 Beuren, Telefon (0 70 25) 91 05 00, Internet: www.beuren.de.

AUSFLUGSDAUER: Fahrt von Tübingen aus etwa 45 Minuten.

WEGBESCHREIBUNG: Mit dem Auto über Reutlingen, Metzingen, Neuffen nach Beuren. Dort der Beschilderung folgen.

DER BESONDERE TIPP: Die Kombi-Karte zum Preis von 9,50 Euro beinhaltet einen Besuch des nahe gelegenen Freilichtmuseums Beuren sowie 2,5 Stunden in der Panorama Therme Beuren. Damit ist die Kombi-Karte wesentlich günstiger als wenn die einzelnen Komponenten separat gekauft werden würden. Die Eintritte können unabhängig voneinander eingelöst werden, so dass nicht beide Programmpunkte an einem Tag absolviert werden müssen.

Albthermen in Bad Urach

Die 2007 komplett umgebauten Albthermen in Bad Urach sind mit dem Anspruch angetreten, nicht nur für Kurgäste, sondern auch für ein jüngeres Publikum attraktiv zu sein. Obwohl auch Familien mit Kindern von sechs Jahren an willkommen sind, handelt es sich eindeutig um ein Thermal- und nicht um ein Erlebnisbad. Rutschen oder sonstige Attraktionen sucht man also vergeblich, die Ruhe der Badegäste steht im Vordergrund.

Durch große Glasscheiben hat man vom Beckenrand des Hallenbades aus das Ermstal-Panorama im Blick. In sechs verschiedenen Becken lädt das Thermal-Mineralwasser des Heilbades (Uracher Quellwasser, das aus 770 Metern Tiefe gefördert wird) zum

Entspannen ein. Eine besondere Attraktion in den neuen Albthermen ist das Meditationsbekken, das in einem runden Raum untergebracht ist, in den keinerlei Tageslicht fällt.

Eine separate Saunawelt mit acht verschiedenen Sauna- und Schwitzgrotten und Fitnessmöglichkeiten auf über 1000 Quadratmetern ergänzen das Angebot.

OFFEN: Montag bis Freitag 9 bis 22 Uhr, Samstag 12 bis 20 Uhr, Sonntag und Feiertag 9 bis 18 Uhr.

PREISE: Montag bis Freitag: 9,80 Euro, ermäßigt 8,80 Euro, Familientarif: 6 Euro, Kurzbadetarif (1,5 Stunden): 5,50 Euro; Samstag, Sonn- und Feiertags: 10,80 Euro, ermäßigt: 9,80 Euro, Familientarif: 7 Euro, Kurzbadetarif (1,5 Stunden): 6,50 Euro.

KONTAKT: AlbThermen, Bei den Thermen 2, 72574 Bad Urach, Telefon (0 71 25) 94 36 0

Fax: (0 71 25) 94 36 30, Internet: www.albthermen.de

AUSFLUGSDAUER: Fahrt von Tübingen aus etwa 40 Minuten.

WEGBESCHREIBUNG: Tübingen, Reutlingen, Metzingen, Bad Urach.

Fildorado in Filderstadt

Auch das Erlebnisbad Fildorado in Filderstadt wurde erst vor kurzem grundlegend saniert und umgebaut. Dadurch hat das Bad vor allem für Kinder an Attraktivität gewonnen. Drei Rutschen, eine Röhrenrutsche, eine Schanzen- und eine Reifenrutsche sorgen für rasanten Spaß. Ein Sportbecken lässt auch passionierte Schwimmer auf ihre Kosten kommen. Für Badegäste, die eher Entspannung suchen, ist das Fildorado aber auch nach seinem Umbau nach wie vor etwas enttäuschend. Vor allem das Außenbecken, in dem man wie auf dem Präsentierteller vor den Neuankömmlingen im Wasser dümpelt, hätte etwas mehr Aufmerksamkeit der Planer verdient gehabt. Es sind keine Massagendüsen vorhanden, lediglich einige Sprudel bringen ab und zu etwas Abwechslung in das Becken.

Hingegen ist der Sauna-Bereich eine wahre Oase der Erholung, und so empfiehlt sich für Eltern, die gerne einmal nicht von den eigenen Sprösslingen ins Schwitzen gebracht werden wollen, der abwechselnde Besuch der sogenannten „Spa-Ebene", die im Fildorado jede Menge Wellness rund ums Wasser bietet.

OFFEN: Montag bis Samstag 9 bis 22.30 Uhr, Sonn- und Feiertag 9 bis 21 Uhr.

PREISE: Erwachsene (ab 18 Jahre) Montag bis Freitag, 2 Stunden: 6 Euro, 3 Stunden: 8 Euro und die Ganztageskarte 12 Euro; Samstag, Sonn- und Feiertag: 3 Stunden: 9 Euro, Tageskarte: 13 Euro. Kinder ab 6 Jahren (darunter frei): Montag bis Freitag: 3,50 Euro, 5 Euro und 7 Euro. Samstag, Sonn- und Feiertag: 5,50 und 7,50 Euro. Familien (Eltern und im gleichen Haushalt lebende Kinder unter 16 Jahren): Montag bis Freitag: 15, 20 und 30 Euro; Samstag, Sonn- und Feiertags: 20 und 30 Euro. Montags ist immer familyday, da hat ein Kind unter 16 Jahren in Begleitung eines Erwachsenen freien Eintritt.

KONTAKT: Fildorado, Mahlestraße 50, 70794 Filderstadt-Bonlanden, Telefon (07 11) 77 20 66, Internet: www.fildorado.de.

AUSFLUGSDAUER: Fahrt von Tübingen aus etwa 20 Minuten.

WEGBESCHREIBUNG: Tübingen, B-27 Richtung Stuttgart, Ausfahrt Bonlanden, der Beschilderung folgen.

DER BESONDERE TIPP: Mit einer befreundeten Familie ins Fildorado gehen und dort abwechselnd die Wohltaten der Wellness-Ebene genießen.

Panorama-Bad in Freudenstadt

Im Panorama-Bad gibt es alles, was die Herzen von großen und kleinen Wasserratten höher schlagen lässt und das zu familienfreundlichen Preisen!

Die Kleinsten fühlen sich im angenehm warmen Kinderbecken mit kleiner Rutsche wohl. Für größere Kinder gibt es ein Erlebnisbecken mit einer 47 Meter langen Wasserrutsche. Wagemutige Kinder und Teenager lockt ein separates Sprung- und Tauchbecken direkt neben dem 25-Meter-Sportbecken. Frischluft-Fanatiker freuen sich über ein großes, beheiztes Außenbecken.

Für erholungsbedürftige Eltern bietet das „Pano" seit neuestem eine Wellnessinsel, die keine Wünsche offen lässt: Sprudelliegen, Massagedüsen, Wasser-Vulkan und Strömungskanal mit warm leuchtenden Lichteffekten sorgen für eine besondere Wohlfühl-Atmosphäre. Das Tüpfelchen auf dem „i": mehrere sogenannte Erlebnisgrotten (Sole, Duft&Dampf sowie Feuer und Eis). Aber auch Sauna-Freunde kommen auf ihre Kosten: Auf 1300 Quadratmetern Fläche bietet die Saunalandschaft vier verschiedene Saunen und einen schönen Außenbereich.

OFFEN: Montag bis Samstag: 9 bis 22 Uhr, Sonn- und Feiertags 9 bis 20 Uhr. Die Sauna öffnet jeweils ab 10 Uhr.

PREISE: Schwimmbad ohne Wellness: Erwachsene (3 Stunden) 3,70 Euro, (Tag) 4,80 Euro, Kinder bis sechs Jahre frei. Schwimmbad mit Wellness: Erwachsene (3 Stunden): 6,40 Euro und für den ganzen Tag 8,80 Euro. Kinder (3 Stunden) 2 Euro und ganztags 4 Euro, Kinder ab 6 Jahren kosten 5 oder 6,50 Euro. An Sonn- und Feiertagen muss pro Person ein Zuschlag von 80 Cent bezahlt werden.

KONTAKT: Panoramabad Freudenstadt, Ludwig-Jahn-Str. 60, 72250 Freudenstadt, Telefon (0 74 41) 9 21-3 00, Internet: www.panorama-bad.de

AUSFLUGSDAUER: Fahrt von Tübingen aus etwa 45 Minuten.

WEGBESCHREIBUNG: Tübingen, Horb, Freudenstadt, der Beschilderung folgen.

DER BESONDERE TIPP: Familien mit dem Landesfamilienpass erhalten auf Einzelkarten einen

Aquatoll in Neckarsulm

Sehr schönes Hallenbad. Charakteristikum: das offene Atrium mit verglaster Kuppel-Decke, nach unten stufenweise abfallende Sitzmöglichkeiten wie in einem Amphitheater. Auch die Wasserbecken befinden sich auf verschiedenen Ebenen. Sie sind zum Teil mit Kanälen verbunden, einer Felsenlandschaft nachempfunden und ansprechend mit Felsen und Palmen ausgestattet.

Mineralisches Wasser gibt es in dem Bereich, der mit dem Außenbecken verbunden ist. Fontänen,

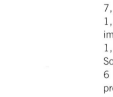

Sprudel- und Massagedüsen in den verschiedenen Becken und zwei sprudelnde Quelltöpfe erfreuen junge und alte Wasserratten. Eine rasante Wildwasserrutsche für Kinder ab zehn Jahren und eine dunkle abgeschlossene Riesenröhrenrutsche mit Sternenhimmel, stellen auch den Bewegungsdrang der Halbwüchsigen zufrieden.

Abenteuer, Spiel und Spaß rund ums Thema „Piraten" gibt es für Kinder ab September 2008, wenn im Aquatoll die neue KinderErlebnisWelt eröffnet wird. Auf 666 Qudaratmetern Gesamtfläche entsteht ein tropischer Abenteuerspielplatz und auf dem Dach wird eine Panoramasauna angelegt.

OFFEN: Mo.,Di., Do. und Fr. 10 bis 22 Uhr, Mi., Sa., So. 9 bis 22 Uhr.

PREISE: Erwachsene Einzelkarte 1,5 Stunden: Mo. bis Fr.: 4,50 Euro, Sa., So.: 6,50 Euro, Einzelkarte 3 Stunden: 7,50 bzw. 9,50 Euro. Kinder (bis 1,10 m) Einzelkarte unbegrenzt: immer 2 Euro. Ermäßigt: Einzelkarte 1,5 Stunden: Mo. bis Fr. 4 Euro, Sa., So.: 6 Euro, Einzelkarte 3 Stunden: 6 bzw. 8 Euro. Aufpreis für Sauna: pro Person 6,50 Euro. Familienkarten (mit Familienpass): 20,50 Euro wochentags, 27,50 Euro Wochenende, Feiertag.

KONTAKT: Freizeitbad Aquatoll, Wilfenseeweg 70, 74172 Neckarsulm, Telefon (0 71 32) 20 00-0 Internet: www.aquatoll.de.

AUSFLUGSDAUER: Fahrt von Tübingen aus etwa eine Stunde.

WEGBESCHREIBUNG: Tübingen, B-27 Richtung Stuttgart, dann Autobahn Richtung Heilbronn, Ausfahrt 37 Heilbronn/Neckarsulm, dann der Beschilderung folgen.

DER BESONDERE TIPP: Wer möchte, kann den Ausflug mit einem Besuch der Burg von Götz von Berlichingen in Jagsthausen verbinden

Zum Schluss noch ein Tipp für einen Tagesausflug. Wer Zeit und Lust hat, sich und seinen Kindern ein besonderes Bade-Vergnügen zu gönnen, dem sei eine Fahrt an den Bodensee nach Überlingen empfohlen. In der direkt ans Seeufer gebauten Bodensee-Therme kommen große wie kleine Wasserratten auf ihre Kosten. Das Thermalbad mit seiner großzügigen Saunalandschaft verspricht Entspannung, das Sportbekken erfüllt die Bedürfnisse der Schwimmer und auf der Riesenrutsche gibt es „Äktschn" pur. Und wer im Außenbecken auf einer der Sprudelbänke liegt, hat den ungetrübten Blick auf das Schwäbische Meer – was will man mehr! Im Sommer gilt die Eintrittskarte auch für das benachbarte alte Strandbad, das einen ganz eigenen Charme hat. Das Strandbad ist vom 1. Mai bis zum 15. September geöffnet und an sommerlichen Tagen natürlich eine prima (und entsprechend günstigere) Alternative für einen Badeausflug am Bodensee.

Strandbad West Überlingen

OFFEN: Thermalbad & Sportbad: täglich 10 bis 22 Uhr, Freitag und Samstag 10 bis 23 Uhr, Sauna: täglich 10 bis 22 Uhr, Freitag und Samstag bis 23 Uhr.

PREISE: Erwachsene Bad incl. Strandbad (ohne Wellness und Sauna): 2 Stunden 6 Euro, 4 Stunden 8,50 Euro, Tageskarte: 10 Euro, Kinder (bis zum 18. Geburtstag): 3,50, 5 und 7 Euro. Familienrabatt (zwei Erwachsene mit mindestens zwei Kinder): 1 Euro Ermäßigung für die Erwachsenen, 50 Cent für Kinder

KONTAKT: Bodensee-Therme, Bahnhofstraße 27, 88662 Überlingen, Telefon (0 75 51) 30 19 90, Internet: www.bodensee-therme.de

AUSFLUGSDAUER: Tagesausflug

WEGBESCHREIBUNG: Tübingen, Rottenburg, Autobahn Richtung Singen, Abfahrt Friedrichshafen Lindau, Ausfahrt Stockach-Ost Richtung Ludwigshafen, weiter nach Überlingen, dort der Beschilderung folgen.

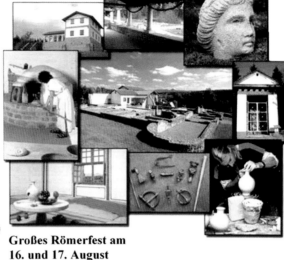

64